U0678419

华侨大学·数量经济学丛书

华侨大学·数量经济学丛书

中国核心通货膨胀度量研究

汤 丹 著

Study on the Measurement
of China's Core Inflation

社会科学文献出版社
SOCIAL SCIENCES ACADEMIC PRESS（CHINA）

华侨大学科研基金资助项目 （12SKBS205）

总　序

　　数量经济学是以数学为方法、以经济学为逻辑、以现实经济生活为目标的一类经济学的总和，大致包括数理经济学、经济计量学、投入产出经济学、经济控制论等，甚至成为我国经济学家和西方学者对话的主要语言。应用化、数量化、最优化是它的突出特征，因此数量经济学是定位于应用经济学的二级学科。

　　数量经济学是随着我国的改革开放而逐渐发展的，以1979年中国数量经济学会成立为标志，历经三十年。乌家培、张守一、刘树成、汪同三诸位先生是三十年来中国数量经济学的代表人物。

　　我是1982年初从数学转过来学习数量经济学的，最早的导师是教我投入产出经济学的张守一先生，在他的指导下我开始从事地区投入产出模型、地区经济计量模型的研究。大约20世纪80年代中期，我开始在乌家培先生的指导下研究经济控制论，我的两本经济计量学的教科书也是在乌家培先生指导下完成的。21世纪初到现在，乌家培先生、沈利生先生作为华侨大学数量经济学特聘教授，一直参与了华侨大学数量经济学的教学和研究并实践着对我和我的学生们的指导。乌先生是我国数量经济学的创始人，吾何德何能，得先生长达三十年无私的指导帮助，戚感此乃吾一生中最大幸事！

刚学习经济计量学时曾拜望一位大师级经济学家，长者以为我并不笨，为何要学习毫无科学理论而貌似数学游戏之"学问"，我虽不得要领但仍坚定地学习下去，二十多年也粗有体会。

经济计量模型试图以抽象的数学方程揭示经济系统的基本特征，这无疑是科学的。科学是对现实世界复杂现象的正确抽象，从现象中发现规律并指导实践。可以说，没有抽象就没有科学，抽象是科学的基础和主要方法，从这个意义上讲，经济计量模型是经济学的研究方法之一。同时，抽象本身就是一个在不同时点、不同环境下多维、多层次、多角度的提升过程，它不是万能的，一个经济系统可以得出不同的模型并得出相反的结论就是一个例证，从这个意义上讲，经济计量模型不是经济学研究方法的唯一。

我们这些终生学习研究数量经济学的学者，千万不要夸大它的优点，它还很不成熟（而且我认为世界上本不存在"成熟"的科学，一旦科学"成熟"，它就快变成伪科学了）；同时不从事这项工作甚至对它了解甚少的学者，也大可不必对数量经济学横加指责。宽容的世界是各种学科、各种学派共存共荣的基础。

我多次讲过，经济学家永恒的任务是学习。过去我们在没有学懂西方经济学时无理地批判、消灭西方经济学，今天我们又在没有学懂西方经济学时更加无理地赞扬、应用西方经济学。中国是一个发展中的国家，处于社会主义初级阶段，我们在改革发展中所面临问题的规模和复杂性世所罕见，史无前例，相应的经济学也应是大无畏的、创新的、雄心勃勃的而又小心翼翼的。

我 1990 年来到华侨大学继续数量经济学的学习和研究，现在与几十名志同道合的师长和学生一起，成立了华侨大学数量经济研究院，邀请高鸿桢先生主持院务，并使之成为继清华大学、吉林大学之后的第三个国家重点学科。

　　2009 年，我们着手准备出版一套"数量经济学丛书"献给大家，以表达我们对乌家培先生的尊敬和爱戴。

　　我要求我的学生们一定要以编制经济计量模型为主业。如果你爱一个人，就让他去编制经济计量模型，它充满了魅力，如此的美丽；如果你恨一个人，也让他去从事同样的工作，它充满了风险，如此的艰难。

　　在我们这个学术共同体中，我年龄稍大些，大家嘱我写此序，于是就有了这篇小序。我衷心祝愿数量经济学能真正在中国伟大的经济实践中生根、发芽、开花，结出无愧于时代的硕果。

吴承业

2009 年 2 月

序

　　改革开放三十年以来，经历了 20 世纪 80 年代末与 90 年代初两次严重的通货膨胀，以及若干次较温和的通货膨胀，我国政府始终重视对通货膨胀的治理。近年来，我国决策部门逐渐开始使用核心通货膨胀这一概念。核心通货膨胀的概念在 20 世纪 70 年代被提出，背景是当时石油生产国大幅度提高原油价格，导致西方国家发生了严重的输入型通货膨胀，而抑制通货膨胀的货币紧缩政策又导致经济停滞。因此西方学者通过反思当时的政策认为有必要将观测到的通货膨胀分解成由货币因素决定的长期趋势成分和由食品或能源价格波动决定的暂时成分。前一部分称为核心通货膨胀。决策部门在对通货膨胀进行监测并制定经济政策时，必须区分长期因素与暂时因素对通货膨胀变动的不同影响，个别商品价格的暂时波动只能引起价格水平一次性的提高，反映在通货膨胀率上就是通货膨胀率出现暂时上升，然后在短时间内回落。通货膨胀的这种短期波动不应影响决策部门的行动，决策配置的部门应该根据通货膨胀的长期成分即核心通货膨胀制定经济政策。

　　核心通货膨胀是比普通的消费价格指数 CPI 更好地反映经济形势的指标，对制定经济政策更加具有参考价值。核心通货膨胀对未来通货膨胀有更强的预测能力，而 CPI 等指标由于受到较多不确定性的影响其未来走势难以把握。因此准确估计核心通货膨胀并将其应用于解决现实经济问题是极其重要的。

汤丹博士自 2009 年起在华侨大学数量经济学专业攻读博士学位，在三年的学习和研究中，掌握了前沿的现代计量经济方法与统计计算方法，将它们应用于中国核心通货膨胀估计方法研究，最终交出了一份令人满意的答卷，也就是现在呈现在大家面前的这本专著。我认为这本书在两个方面具有一定价值，第一，汤丹博士对中国核心通货膨胀估计方法的研究与应用比较全面，通过多种不同的方法估计中国核心通货膨胀并对各种方法的估计结果进行了比较和总结。第二，汤丹博士在本科与硕士阶段所学的专业分别是数学与计算方法，博士阶段的专业是数量经济学，她的专业背景使她能够在一些计量方法上有所突破，例如基于 Bayesian Gibbs Sampler 方法估计核心通货膨胀的状态空间模型等，具有一定的创新。我相信读者通过对这本书的阅读对中国核心通货膨胀的估计应该有一个比较全面的了解。

作为汤丹博士的指导教师，看到自己学生的研究成果作为专著出版深感欣慰，希望汤丹博士在学术研究的道路上不断取得进步。

赵昕东

2012 年 10 月 26 日于华园

摘　　要

　　目前，世界上越来越多的国家和地区开始关注并构建核心通货膨胀指标，并将其作为制定货币政策的重要参考指标。我国国家统计局和中国人民银行也开始在制定货币政策的过程中关注核心通货膨胀，但目前尚无官方度量并定期公布该指标。本书将在该背景下对我国核心通货膨胀的度量问题进行系统的研究。对这一问题的研究不仅有助于准确地认识我国通货膨胀的长期潜在趋势，而且对科学地制定和有效地实施货币政策具有理论和现实意义。

　　本书首先通过对国内外研究文献的搜集和整理，总结目前国内外关于核心通货膨胀问题研究的现状，分析核心通货膨胀的含义及其度量方法，找出其中研究的不足，提出本书的研究视角和思路。

　　其次，基于我国的 CPI 数据，采用目前普遍使用的核心通货膨胀度量方法对我国的核心通货膨胀（即核心 CPI）进行度量。采用两种较新的方法即基于贝叶斯 Gibbs Sampler 的状态空间模型和基于动态因子指数模型度量了我国的核心 CPI，并在建立合理且具有经济含义的模型基础上，验证了两种度量方法的合理性。

　　接下来从多角度对本书所度量的各种核心 CPI 进行比较，从定性和定量分析的角度检验各种核心 CPI 的优劣性以及它们在实际应用中的差别。

度量核心通货膨胀的重要原因在于它有助于预测未来的通货膨胀，因此本书采用目前使用最广泛的预测模型检验各种核心 CPI 预测的能力，并指出该模型在预测能力方面的不足，进而建立一个合理的模型，进一步检验各种核心 CPI 的预测能力。

最后，本书对货币政策关注核心通货膨胀的原因及风险进行理论分析，并根据长短期对价格调整时所应关注的经济指标予以建议。

本书共得出以下几点结论：

（1）根据目前学术界提出的核心通货膨胀的各种特征，将核心通货膨胀定义为：剔除 CPI 篮子中各类商品价格指数的短期或暂时成分后，CPI 篮子中各类商品价格指数的长期共同成分。它反映了通货膨胀长期的潜在趋势，是货币政策决策者制定和调整货币政策关注的重心。

（2）通过采用多种方法度量我国的核心 CPI，结果发现度量的各种核心 CPI 存在差异。因此，通货膨胀的形成原因具有多样性和复杂性，核心通货膨胀与非核心通货膨胀之间的界限并不十分清晰，在实际度量过程中经常会出现模糊性的因素，使得精确度量核心通货膨胀较为困难。

（3）通过采用基于贝叶斯 Gibbs Sampler 的状态空间模型和动态因子指数模型两种方法度量我国的核心 CPI。结果显示，两个核心 CPI 都很好地反映了我国 2001 年 1 月至 2011 年 4 月的 CPI 的长期趋势变化，它们的标准差小于 CPI 的标准差，经检验，度量的核心 CPI 与货币供给增长率的相关系数较大，说明核心 CPI 的走势与货币政策的关系更加密切。本书进一步建立模型验证了估计的核心 CPI 的合理性——核心 CPI 不受暂时冲击的影响。通过对 DFI 模型系数的估计，得到各类商品价格指数对核心 CPI 的贡献程度。对核心 CPI 贡献较小的是居民食品消费价格指数、娱乐教育文化价格指数与居民居住价格指数，对核心 CPI 贡献较大的是居民衣着价格指数、交通与通信价格指数。

（4）通过定性和定量分析多角度比较各种核心 CPI 的优劣，结果显示，任何一种核心通货膨胀的度量方法都不能够满足所有期望性质，各种核心 CPI 都存在优点和不足，究竟选择何种方法度量核心 CPI 以及选择哪种核心 CPI 作为决策参考依据，取决于使用者的目的和需要。如果决策者赋予各种特征同等的权重，那么度量核心 CPI 的最优方法是非对称修剪均值法、BGS 状态空间模型法及 DFI 模型法。但如果从易于公众理解的角度来讲，剔除法和非对称修剪均值法更加适合。

（5）从理论上阐述了关注核心通货膨胀的原因，结合我国的实际国情，分析了我国核心 CPI 与货币政策之间的关系。本书认为，我国在对短期的价格水平变动进行货币政策调整时，应该在主要关注标题通货膨胀即 CPI 的同时关注核心 CPI。货币政策对核心通货膨胀同样存在较大的滞后效应，在制定中长期货币政策时应重点关注具有前瞻性的核心 CPI。

本书的研究结果对于准确地认识我国通货膨胀的长期性，了解潜在的趋势，了解核心通货膨胀的度量方法，以及判断经济形势与制定宏观经济政策均具有重要的理论和现实意义。

关键词：核心通货膨胀　货币政策　MCMC　动态因子　共同因子预测

Abstract

Presently, more and more countries and regions have paid attention to and built the core inflation index, and consider the index as an important concern of monetary policy. China's National Bureau of Statistics and the People's Bank of China also have begun to pay attention to core inflation when formulating monetary policy, but core inflation index is still not calculated and published periodically. In this context, this paper makes a systematic study of the measure methodologies of core inflation. Study on China's core inflation is very important to accurately judging the long-run and underlying trends, and it has theoretical and practical significance on scientifically making monetary policy and effectively implementing monetary policy.

At first the dissertation collected and sorted out the study literature, summed up the current domestic and foreign core inflation of the study on the status quo, and analyzed the concept of core inflation and measure methodologies. Identified the shortcomings and made this study perspectives and ideas.

Secondly, measured China's core inflation based on the Bayesian Gibbs Sampler State-Space model and Dynamic Factor Index model. And established the reasonable and economic meaning model to verify the rationality of the two measurement methods.

Next, compared various forms of core inflation from different perspectives. Make use of the qualitative and quantitative analysis to test various core CPI and the disparity in their practical application.

More than that, the important purpose of measuring core inflation is to predict in the future. In this book, we use the most popular model to test the ability of China's core CPI to forecast CPI, and point out the shortcomings of the prediction model.

Finally, we make theoretical analysis for the causes and risks of monetary policy focusing on core inflation. we also recommend the economic indicators which should be paid attention to when making short-term and long-term price adjustments.

This book obtained the following conclusions:

(1) According to the various features of core inflation in the current academic, this book defines core inflation as the permanent and common components of CPI which reflect the potential long-term tendency of inflation by deducting the transitory components from sub-indices of CPI, it is a focus of formulating and adjusting monetary policy.

(2) By using a variety of methods, the book measured core CPI, and found that there are differences between those core CPI. The causes of inflation have diversity and complexity. There is no clear cut between core inflation and no - core inflation, measuring core inflation accurately is of great difficulty. There are often fuzzy factors in the actual measurement.

(3) Applied the Bayesian Gibbs Sampler State - Space model and Dynamic Factor Index model to measure China's core inflation. The results show that

the two core inflation reflect the potential long - term trend of inflation in the sample period from January 2001 to April 2011, the standard deviations of core CPI are smaller than those of CPI. The two core inflation have greater relation ship with the growth rate of money supply. And established a model to validate the rationality of the measured core CPI—core CPI from temporary shocks. Clothing and transportation consume price have the largest contribution to core inflation, but food, entertainment and education and housing consume price index have smaller contribution to core inflation.

(4) Compared various core inflation from different perspectives. The results showed that, in the sample period, there is no single method can satisfy all exceptional qualities at present. In the practical application, which core inflation can be more suitable for formulating monetary policy depends on the different characteristics of core inflation as well as the purposes and needs. Given equal attention to different characteristics, asymmetric trimmed mean method, BGS state space model method and DFI model method are better to estimate core inflation.

(5) We make theoretical analysis for the causes and risks of monetary policy focusing on core inflation. Combined with China's actual conditions, we analyzed the relationship between the core CPI with monetary policy. When China adjusts monetary policy according to the transitory fluctuations of prices, the core CPI should be taken into consideration along with the headline inflation. There exists great lagged effects of monetary policy for core inflation, so in the formulation of medium - term and long - term monetary policy, we should focus on forward - looking core inflation.

This book's research results play an important role in understanding China's long-run and potential trends of inflation accurately, and the measure methods of core inflation, and it is very important to the judgment of economic situation and adoption of the macroeconomic policies.

Key Words: Core Inflation; Monetary Policy; Markov Chains Monte Carlo; Dynamic Factor; Common Factor; Prediction

目　录

CONTENTS

第一章

绪　论

第一节　选题的背景

核心通货膨胀的概念最早是在 20 世纪 70 年代提出来的。现实背景是当时石油出口国大幅度地提高原油价格，导致西方许多国家发生了严重的由成本推动而引发的通货膨胀，而抑制通货膨胀的紧缩性经济政策又导致了经济停滞，由此，许多研究者和政策制定者都认为不应该只根据观测到的通货膨胀率制定相应的经济政策和货币政策。1972 年美国经济报告中指出剔除抵押利息和食品后的 CPI 具有特别的意义，因此，从 1978 年开始，美国劳工统计局（BLS）定期公布剔除食品和能源后的消费者价格指数 CPI（Consumer Price Index，也称作消费价格指数）和生产者价格指数 PPI（Producer Price Index）的月度数据，但是将核心通货膨胀作为一个正式术语是由 Eckstein 于 1981 年提出来的。

无论是单一目标的货币政策框架还是多目标的货币政策框架，通货膨胀率都是制定和调整货币政策中重点关注的经济变量和指标，布雷顿森林体系解体之后，大多数国家选择盯住货币供应量或货币总量的增长率作为货币政策制定与实施的基本框架。但是，伴随着"货币迷失"现象的出现，即许多国家在实施传统的货币政策目标（将货币供给量、名义汇率作为中介目标）后，都经历了较高的通货膨胀及国内经济不稳定的情况。因此，20世纪90年代以来，越来越多的国家或地区开始采用一种全新的货币政策框架——通货膨胀目标制（Inflation Targeting Policy），即中央银行放弃盯住货币供应量这一中介指标而改为盯住通货膨胀率并将其作为货币政策的最终目标。通货膨胀目标制是近年来新兴的一种货币政策框架，其实施的主要步骤是首先根据某一国家或地区的具体经济运行情况，确定一个对国民经济运行而言安全的、可控的通货膨胀目标，当实际的通货膨胀接近或超过所设定的通货膨胀目标时，金融机构将会采取相应的货币政策与措施促进物价稳定，如减少货币供给量、提高利率等紧缩性货币政策，以稳定物价以及提高货币政策的透明度作为货币政策制定或调整的主要目标，其目的是实现和保持较低的通货膨胀率。由此通货膨胀目标制已成为各国中央银行所能接受的货币政策框架。谭小芬（2008）给出了一个相对全面的通货膨胀目标制定义。[1]

与其他货币政策框架相比，通货膨胀目标制具有明显的优点，奚君羊等人（2002）认为："与货币供给量目标相比，通货膨胀目标并不依赖于货币供给量与价格之间是否存在稳定的关系，而是利用所有可得到的信息来决定货币政策工具的运用。"[2]

1989年新西兰储备银行明确地将货币政策目标改为通货膨胀目标，此后，世界上越来越多的国家和组织如英国、芬兰、加拿大、澳

---

[1] 谭小芬：《通货膨胀目标制、货币政策与汇率》，中国财政经济出版社，2008。
[2] 奚君羊、刘卫江：《通货膨胀目标制的理论思考——论我国货币政策中介目标的重新界定》，《财经研究》2002年第4期。

大利亚、美国、日本和欧盟等先后采用了通货膨胀目标制，一些新兴工业化国家（如韩国、墨西哥、巴西、泰国、智利等）与部分转型经济国家（如捷克、匈牙利与波兰）也开始实行通货膨胀目标制。例如，欧盟是单一货币政策目标的典型代表，《欧洲共同市场组建条约》规定，"欧洲中央银行体系的首要目标就是保持物价稳定，而物价稳定是指欧元区消费价格调整指数（HICP）年均增长率低于2%"。实践证明，通货膨胀目标制的实施在稳定物价和推动经济稳定增长方面具有显著的效果，最明显的证据是，迄今为止大多数实行通货膨胀目标制的中央银行没有准备放弃这一新的货币政策框架。通货膨胀目标制的框架涉及通货膨胀率的预测值、实际值以及目标值等重要变量。而实行通货膨胀目标制的国家需要特别关注的指标是核心消费价格指数。因此，以CPI为基础的核心消费价格指数（核心CPI）成为各国重点关注的指标。目前，核心通货膨胀已经成为各国中央银行衡量货币政策有效性的主要工具（Roger，1997；Hiratsuka，1997；Culter，2001；Hogan，Johnson and Lafleche，2001）。

衡量一个国家通货膨胀的经济指标很多，如消费价格指数CPI、生产者价格指数PPI和GDP平减指数等，其中CPI是最被公众所熟知的经济指标，其更新速度较快、数据的可信度和可得性都较高，并且不易受中央银行控制，因此通常将其作为设定通货膨胀目标的主要参考指标，根据CPI的走势判断经济形势的走势。同时，它也是中央银行制定和调整货币政策的重要参考指标。目前，我国中央银行仍然习惯根据CPI的走势判断经济形势。一般来讲，人们普遍认为CPI持续的、全面的上涨代表通货膨胀的发生。但国外经验表明，对于准确地判断经济形势来说，CPI并不是最好的指标。例如，如果通货膨胀是由进口石油价格提高引起的，那么紧缩性经济政策不仅无法抑制通货膨胀的发生，而且还将导致经济的停滞。

Bryan、Cecchetti（1993）和 Roger（1997）的研究表明将 CPI 作为反映通货膨胀的指标主要存在以下不足：第一，CPI 容易受到暂时或短期冲击的影响，如恶劣气候造成农作物减产，粮食价格因供给的减少而上涨，从而导致 CPI 的暂时上升等。第二，由于构成 CPI 的各个成分的支出权重是固定的，无法揭示其动态变化，所以 CPI 对通货膨胀率的估计是有偏估计。最后，根据标准货币主义的观点分析，通货膨胀是一种货币现象，而 CPI 衡量的是获取某些特定商品和服务的成本，因此两者在经济内容上不一致。[①] Green 和 Balk（2004）对采用 CPI 度量通货膨胀表现出有偏的原因进行了详细的分析。而且，由于 CPI 在短期内容易受到个别商品价格波动的影响，使其在短期内产生暂时性波动，无法准确地反映货币供给的变化及总供给和总需求的真正关系，进而可能对货币政策的制定产生误导。Fischer（1978）建立数理模型分析了供给冲击对价格、投资、产出等经济变量产生的影响，结果表明 20 世纪 70 年代的石油价格冲击只是在短期内造成美国的通货膨胀，如果货币政策继续保持稳定将不会发生经济衰退，但是当时货币决策当局错误地采取了紧缩性的货币政策，结果造成了经济的滞胀。[②]

尽管我国还没有条件并且中央银行也没有明确地指出实行通货膨胀目标制（孔燕，2008），但从我国的实际情况来看，《中华人民共和国中国人民银行法》第三条明确规定，"货币政策的目标是保持货币币值的稳定，并以此促进经济的增长"。1994 年和 2007 年我国消费价格指数明显上涨，为控制较为严重的通货膨胀，中国人民银行采

---

① Bryan, M. F. and Cecchetti S. G. "The Consumer Price Index as a Measure of Infla-tion", NBER Working Paper, No. 4505, 1993.

② Fischer, Stanley and Franco Modigliani. "Towards an Understanding of the Real Effects and Costs of Inlation", Weltwirtschaftliches Archiv 114, 1978, 810 – 832.

取了上调利率等紧缩性货币政策以稳定物价。因此，保持物价稳定、控制通货膨胀或实现较低的通货膨胀率仍是我国宏观经济调控的重要目标。

2004 年以来，我国经历了三次较明显的 CPI 快速上涨，CPI 同比增长率在 2004 年 7 月、2008 年 2 月和 2010 年 10 月分别达到 5.3%、8.7% 和 5.1%。其中，2008 年的物价上涨，主要是由当年接近 30% 的居民食品消费价格上涨引起的。针对 2008 年的价格上涨，中央银行采取了一系列较为严厉的紧缩性货币政策，主要表现为 2008 年上半年连续五次提高存款准备金率，但是造成的后果是民营企业融资困难与民间高利率借贷的出现，实体经济受到严重打击，尽管存在受世界金融危机造成的需求放缓因素等影响，但不可否认 2008 年实行的紧缩性货币政策的滞后作用是 2009 年通货紧缩与经济下滑的一个重要原因。2009 年 11 月我国的 CPI 同比增长率由负转正，此后逐步提高，面对最近一轮物价的上涨，中央银行于 2010 年 1 月至 2011 年 3 月先后九次提高存款准备金率，三次提高存贷款利率。但 2011 年第一季度的 CPI 同比增长率仍然维持在 5.0% 的高位，汇丰中国制造业采购经理指数（PMI）为 51.1，创 10 个月新低，民营企业融资再次出现困难，民间高利贷也再次出现。面对如此的经济形势，许多专家学者提出了相应的货币政策，如加息、上调存款准备金率等。但是，另一方面，我国的 GDP 的增长速度有所减缓，2010 年四个季度 GDP 同比增长率分别为 11.9%、11.1%、10.6% 和 10.3%。2011 年第一季度的 GDP 同比增长率达到 9.7%。对此，也有些专家学者提出我国经济可能出现二次探底。那么如何准确地判断我国的经济形势，以及是否会出现经济的"滞胀"，一个关键问题是正确认识当前物价上涨的结构变化以及 CPI 上涨的原因。

目前，我国统计局将 CPI 篮子中的商品分为食品、烟酒及用品、衣着、家庭设备用品及服务、医疗保健及个人用品、交通和通信、娱乐教育文化用品及服务和居住八大类，其中包括 263 个基本分类，大约 700 种商品及服务作为 CPI 篮子中的主要调查对象，但其中不包括资产项目和投资品，然后根据 12 万多户城乡居民家庭消费支出的构成确定各分类价格指数的权数。虽然八大类商品中包含了绝大多数的商品及服务，但我国统计部门编制 CPI 的过程仍存在明显不足：第一，CPI 中统计的商品和服务的数目有限，不足以反映数以万计的商品和服务的总体价格状态和变化趋势，并且每年都会有代表性的新商品出现，如果在合成 CPI 过程中没有将其加入，那么 CPI 中商品种类的代表性将受到质疑，进一步使得 CPI 不准确。第二，构成 CPI 的各类商品及服务的权重没有随消费者消费结构的变化而进行调整。第三，CPI 中没有包含某些重要成分，如近年来价格上涨、消费比重较大的项目——商品房消费及医疗保险等项目。最后，核算方法也存在缺陷（符想花，2007）。并且在我国 CPI 的构成中食品类权重较大，而食品类商品容易受到自然灾害、市场信息不对称等不确定因素的影响，导致其价格产生剧烈波动，即使其他分类商品价格保持稳定，一旦食品类商品的价格出现大幅度波动，CPI 也将表现出明显的波动性，此时 CPI 就失去了度量通货膨胀的意义，因此需要一个更好的衡量指标。

2007 年，中国人民银行第二季度的货币政策执行报告中特别提出了"核心通货膨胀"一词，并对此做了专题报告。中国人民银行将核心通货膨胀的概念表述为：从总通货膨胀中剔除暂时性因素影响的潜在通货膨胀（Underlying Inflation），用来反映价格变动的长期趋势。同时认为中国的核心 CPI 应该在现有 CPI 篮子中商品和服务的基础上剔除以下商品和服务：食品中的粮食、鲜果、鲜菜、水产品及肉类等；能源中的柴油、汽油、管道液化气等燃料；国家控管的商品和服务性价格，如学杂费、托幼费、药费及医疗服务价格等。实证研究表明，剔除法得到的核心 CPI 比 CPI 的波动幅度小，并且与货币供给量 M2 有较强的相关性。[①] 因此，中国人民银行在未来制定和调整货币政策的过程中，不仅仅要关注 CPI 的波动情况，更要充分考虑构成 CPI 的各类商品和服务的价格变化，使得制定的货币政策能够更好地反映现实的经济情况，并能有效地、最大限度地发挥货币政策的职能作用。

第二节　研究的目的与意义

我国国家统计机构和中国人民银行越来越关注核心通货膨胀这一经济指标，因此对其研究不仅具有重要的理论意义，而且对当前经济形势的判断和宏观经济政策的制定也有重要的现实意义。核心通货膨胀的度量不仅可以作为标题通货膨胀的趋势性指标，而且能够为货币政策的制定提供一个科学有效的参考指标。目前，我国国家统计局并没有构建核心通货膨胀指标，国内学术界对我国核心通货膨胀问题的研究较少，现有文献也没有对我国的核心通货膨胀做出较为全面的研究，核心通货膨胀的度量方法均比较单一并且缺乏创新性，因此对我国核心通货膨胀的度量需要进一步深入地研究。对我国核心通货膨胀的度量进行研究需要明确如下问题：我国的核心通货膨胀是如何界定的？采用不同度量方法度量我国的核心通货膨胀有何不同？不同的核心通货膨胀具有哪些优势？哪种方法更适合度量我国的核心通货膨胀？核心通货膨胀的测量对我国制定货币政策具有什么意义？等等。

① 中国人民银行货币政策分析小组：《中国货币政策执行报告——2007 年第二季度》，2007 年 11 月 8 日。

本书在 CPI 基础上研究我国的核心通货膨胀，因此，除特殊说明外，本书的核心 CPI 均指我国的核心通货膨胀。

与 CPI 相比，核心 CPI 具有如下优势。首先，核心 CPI 比其他经济指标能够更好地反映经济形势。其次，因为它测量的是通货膨胀的持久性趋势，不会受到个别商品的价格水平暂时波动的影响，相对于 CPI 或 PPI 等指标能够更好地反映经济形势的变化，所以核心 CPI 比 CPI 能够更好地指导货币政策的制定，是中央银行应该真正关注的指标。如果通货膨胀的上升是由个别商品的价格上升引起的，那就不应该采取全面的紧缩性的经济政策，而是应该针对个别商品采取措施；如果通货膨胀的上升是由总供给或总需求的变动引起的，那就需要采取反经济周期的政策。因此，政策决策部门需要区分通货膨胀的上升是由于核心通货膨胀发生了趋势性的变化引起的，还是由个别商品价格变化的暂时冲击引起的，如果核心通货膨胀发生了趋势性的变化，那么就必须采取紧缩性的经济政策。第三，核心通货膨胀对未来通货膨胀有更强的预测能力，而 CPI 等经济指标由于受到较多不确定因素的影响，对未来的经济形势难以把握。第四，向公众同时发布通货膨胀率和核心通货膨胀率有利于公众更好地了解经济形势，降低通货膨胀的不确定性，使公众对未来通货膨胀的趋势做出更加准确的预期，从而降低经济运行成本。最后，20 世纪 90 年代以来，大多数国家的中央银行将稳定物价作为实施货币政策的主要目标，新西兰、加拿大、澳大利亚、韩国、英国、日本和瑞士等国家相继采用通货膨胀目标制，而通货膨胀目标制通常根据核心通货膨胀来设定（Wynne，1999）。

在研究领域，由于核心通货膨胀是不可观测的，属于一个抽象的经济指标，只能通过概念和定义构建，许多度量方法都有赖于核心通货膨胀是如何定义的，因此对核心通货膨胀的度量成为宏观经济学研究的一个重要课题。另一方面，如何应用核心通货膨胀判断经济形势以及预测未来通货膨胀的走势也是政策决策者普遍关心的问题。从中央银行的角度来讲，最有用的核心通货膨胀定义是它代表货币通货膨胀，与标题通货膨胀存在明显的不同。货币政策直接影响货币通货膨胀，它能够对所有商品的价格产生一致的、等效的影响，并且代表所有商品价格变动的共同成分。所以，对核心通货膨胀的度量研究不仅有重要的理论意义，而且对当前经济形势的判断与宏观经济政策的制定有重要的现实意义。

目前，从国内外对核心通货膨胀的研究状况来看，我们可以了解到以下方面：首先，尽管核心通货膨胀的思想和概念提出较早，但由于影响通货膨胀的因素具有多样性和复杂性，核心通货膨胀与非核心通货膨胀之间并没有明确的界限，因此，学术界对核心通货膨胀的定义没有达成完全一致的意见。其次，目前存在较多度量核心通货膨胀的方法，但是由于不同国家和地区的国情与经济状况存在明显差异，因此，所采用的度量核心通货膨胀的方法也不同。第三，如果采用多种方法度量某一国家或地区的核心通货膨胀，根据不同的选择标准对其进行选择，结果也不尽相同，因此如何根据各国实际情况和政府部门的需要，进行全面的度量需要进行深入的研究。

本书在详细阐述核心通货膨胀的含义和度量方法的基础上，采用不同的度量方法对我国的核心通货膨胀进行度量，研究不同的度量方法有其不同的意义，可以在一定程度上解决目前存在的问题，为我国宏观经济政策的制定提供理论基础和政策建议。同时，采用两种新方法度量我国的核心通货膨胀，进一步丰富了我国学术界对核心通货膨胀的研究和计量经济学方法的使用。在此基础上采用一系列选择标准对各种核心通货膨胀及其度量方法进行选择研究，并采用不同的模型研究核心通货膨胀预测未来标题通货膨胀的能力。最后针对上述研究对核心通货膨胀与货币政策的关系进行理论分析。因此，从理论和实证的角度系统研究我国的核心通货膨胀，具有较为重要的学术价值和现实意义。

第三节　研究的主要思路和内容

一　研究思路

到目前为止，核心通货膨胀的度量方法在国外学术界得到了广泛的研究，但国内学术界对它的研究仍然有限，主要存在以下不足：首先，各类文献主要是采用国外学术界已使用的方法度量我国的核心通货膨胀，缺少一定的创新性。其次，度量我国核心通货膨胀的方法比较单一，没有采用目前存在的度量方法全面地度量我国的核心通货膨胀。第三，尽管某些文献对所度量的核心通货膨胀的平稳性等特征进行了检验，但评价的标准均比较片面。最后，在研究核心通货膨胀预测能力方面也缺少创新。据此，本书的主要研究思路如下：

首先，从核心通货膨胀的度量方法及其评价体系两方面查找和阅读相关文献材料，并分析各文献之间的相关性和对本书研究的作用。在广泛阅读相关文献的基础上，总结和分析已有的度量方法，运用这些方法度量我国的核心 CPI，并对所得的各种核心 CPI 进行简单的统计分析。

其次，将马尔科夫链蒙特卡洛（MCMC）方法应用于状态空间模型，以此度量我国的核心 CPI，该方法主要是针对状态空间模型的传统估计方法的不足，将贝叶斯法和 MCMC 法相结合，将其应用于状态空间模型的估计过程，进而提高估计的速度及准确性。

第三，根据核心通货膨胀的含义——通货膨胀中各类商品和服务价格变动的共同成分，采用动态因子指数模型度量我国的核心 CPI。

第四，根据不同的选择标准，从定量和定性分析的角度对不同方法度量的我国各种核心 CPI 进行评价，并采用不同的模型研究各种核心 CPI 预测 CPI 的能力。

最后，对核心通货膨胀与货币政策的关系进行理论分析，并对本书进行总结及提出展望。

本书分别使用 Eviews 软件、Gauss 软件及 S-plus 软件进行经济计量分析和程序编写工作。

二 研究的主要内容

结合本书选题的背景、目的及意义，并综合考虑国内外学术界已有的研究成果，本书对我国核心通货膨胀度量问题的研究共分以下七章。

第一章：绪论，首先介绍本书选题的理论和现实背景以及研究的目的和意义。其次，简要地介绍国内外学术界对核心通货膨胀的研究状况，并总结现有研究的不足之处以及目前存在且尚未解决的研究问题，将其作为本书研究的重点内容。最后，介绍本书的章节安排。

第二章：详细地阐述核心通货膨胀的含义及其各种度量方法。目前，对核心通货膨胀的含义并没有形成一致意见，本书归纳出国内外学术界对核心通货膨胀含义的不同界定，对其公认的特征进行总结，提出我们认为合适的核心通货膨胀含义。进一步详细介绍各种度量核心通货膨胀的方法。国内外学术界对核心通货膨胀的度量方法往往分为统计方法和基于模型的方法两大类，而本书从估计核心通货膨胀所使用数据的角度重新对其进行划分，并详细介绍各种度量方法的基本原理和计算过程。

第三章：运用本书所划分的度量方法对我国的核心 CPI 进行估计，并对不同方法度量的核心 CPI 进行简要的数据分析。本章将采用状态空间模型估计我国的核心通货膨胀，并针对估计状态空间的传统方法存在的不足，将贝叶斯方法和 MCMC 方法相结合对状态空间模型进行估计，该方法提高了估计的速度和准确度。同时根据核心通货膨胀的含义——通货膨胀中持久、稳定的趋势，该持久、稳定的趋势必然是合成 CPI 中各类商品价格指数的共同变化趋势，因此，合成 CPI 的各类商品价格指数所包含的共同变化趋势即为核心通货膨胀成分，采用动态因子指数（DFI）模型估计我国的核心 CPI。

第四章：本章分别从核心通货膨胀的期望预期、追踪通货膨胀趋势值、平稳性、与 CPI 的相关性、波动性、协整关系及因果关系等方面对核心 CPI 的度量方法进行定性和定量检验，比较各种核心 CPI 的优劣。

第五章：本章采用不同的模型对各种核心通货膨胀预测未来标题通货膨胀的能力进行研究，提出一个新的、更适合于检验我国核心 CPI 对 CPI 预测能力的模型。

第六章：对关注核心通货膨胀的原因及政策风险进行理论分析，并对我国核心 CPI 与货币政策的关系以及如何看待核心 CPI 与 CPI 进行研究分析，针对它们的不同特点提出相应的建议。

第七章：全书总结和展望。本章对全书的主要内容进行综合、整理，在此基础上阐述本书的重要研究内容，并归纳有待进一步研究的问题。

第二章
核心通货膨胀的含义及度量方法综述

第一节　核心通货膨胀的含义

对我国核心通货膨胀的度量问题进行研究，首先要明确核心通货膨胀的含义及其度量方法。什么是核心通货膨胀？其科学含义是什么？各国统计机构和学术界均采用什么方法度量核心通货膨胀？本章将对以上几个方面的问题进行详细的阐述和分析。

一　核心通货膨胀的含义

在过去近三十年里，许多新兴国家（如巴西、韩国、泰国等）和大多数工业化国家相继采用了通货膨胀目标制，尽管我国没有采用该制度，但与实行通货膨胀目标制的国家相似，维持和实现较低的通货膨胀率和保持物价稳定仍是我国中央银行实施货币政策的重要目标。国内外学者和统计机构通常使用消费价格指数（CPI）、生产者价格指数（PPI）或 GDP 平减指数等来反映通货膨胀的变化情况，其中最常使用的是 CPI，研究者和分析者根据 CPI 的走势对经济形势的走势进行判断，同时它也是货币决策当局制定货币政策时参考的重要指标。

人们普遍认为 CPI 持续、全面的上涨代表通货膨胀的发生，然而由于 CPI 在短期内常常容易受到个别商品价格波动的影响，使得 CPI 在短期内产生暂时性波动，无法反映货币供给的变化及总供给和总需求的真正关系，进而可能对政策的制定产生误导。例如，如果是由进口石油价格提高引起的通货膨胀，那么紧缩性经济政策不仅无法抑制通货膨胀，而且还将导致经济的停滞。CPI 自身的核算也存在不合理性，Greenless 和 Balk（2004）对计算 CPI 的误差和有偏的原因进行了描述。符想花（2007）也对我国 CPI 编制方法的缺陷进行了阐述并提出相应的改进建议。目前构成我国 CPI 的各成分中食品类权重较大，约占 CPI 的 1/3，即使其他类商品价格保持稳定，只要食品价格出现大幅度的上升，CPI 也将随之出现明显的上涨，此时 CPI 就失去了测量通货膨胀的意义。

核心通货膨胀（Core Inflation）思想最早是在 20 世纪 70 年代提出来的，当时美国联邦储备委员会（以下简称"美联储"）定期公布标题通货膨胀（Headline Inflation，标题通货膨胀即为总体通货膨胀），并将 CPI、PPI 作为制定货币政策的主要参考依据。但是，美联储逐渐发现 CPI、PPI 等价格指数经常出现短期性波动，即 CPI、PPI 中包含较多的短期"噪音"成分。而货币政策主要根据 CPI、PPI 的波动情况进行调整，因此，货币政策往往因 CPI 和 PPI 的短期波动而做出不恰当的反映。1972 年的《美国总统经济报告》（*The Economic Report of the President*）中指出剔除食品和抵押利息后的 CPI 具有特别意义，能在一定程度上减少或消除短期"噪音"，自此美国劳工统计局从 20 世纪 70 年代后期开始定期公布"剔除食品和能源后的 CPI"。

将核心通货膨胀定义为"通货膨胀中的持久成分"和"通货膨胀中的普遍部分"源于 Friedman（1963）和 Okun（1970）对通货膨胀的理解——价格水平持续稳定的上涨。Friedman 认为通货膨胀本质上是一种货币现象，任何价格的变动都反映了货币供求量的变动，一些因素如进出口贸易的恶化等短期波动对货币供给只产生间接影响，长期来讲对货币供给没有任何作用。核心通货膨胀正式地作为一个经济术语和概念是由 Eckstein（1981）提出来的，他将通货膨胀按来源分为核心通货膨胀、冲击型通货膨胀和需求型通货膨胀，并指出核心通货膨胀所反映的是"生产要素（主要是劳动力和资本）成本的增长趋势，而其取决于家庭和商业部门对通货膨胀的长期预期、工资价格变动的合约安排及税收制度等"。同时将核心通货膨胀定义为"市场处于均衡时的通货膨胀率，也就是总供给价格的长期趋势。"[①]

Quah 和 Vahey（1995）认为通货膨胀是经济随时间波动产生的直接结果，可以将这些波动分为两类，一类是在长期中不影响真实产出的波动，即名义需求冲击；另一类是在长期中影响真实产出的供给冲击。Quah 和 Vahey 将核心通货膨胀率与经济的真实产出相联系，认为核心通货膨胀率是观测到的通货膨胀中对真实产出不存在中长期影响的部分，即所谓产出中性通货膨胀（Output-Neutral Inflation）。[②]Eckstein、Quah 和 Vahey 提出的核心通货膨胀定义均认为通货膨胀是一种货币现象，在货币长期中性理论的前提下，核心通货膨胀的定义不应该考虑供给冲击引起的通货膨胀扰动。Roger（1998）指出 Eckstein 关于核心通货膨胀的定义与 Quah 和 Vahey 关于核心通货膨胀的定义的不同之处是前者没有考虑经济的周期性。[③]

Romer（1996）认为可以将附加预期菲利普斯曲线方程中的预期

---

① Eckstein, O. *Core Inflation*. Prentice Hall, Englewood Cliffs, N. J., 1981.

② Quah, D., Vahey, S. P. "Measure Core Inflation". *The Economic Journal*, 1995 (105), 1139 – 1144.

③ Roger Scott. "Core Inflation: Concepts, Uses and Measurement". Reserve Bank of New Zealand, Discussion Paper, No. G98/9, 1998.

通货膨胀率作为核心通货膨胀率，也就是产出等于自然失业率所对应的产出水平且没有供给冲击时的通货膨胀率。[1]

Cogley（2002）所定义的核心通货膨胀是相对平均通货膨胀率的变化而言的，并且通过增加常量更新平均通货膨胀后对其进行估计。[2]

Cristadoro 等人（2005）将核心通货膨胀定义为 CPI 中各成分价格变动的长期共同成分（Common Component），为了估计这一共同成分，他们将所有分类成分分解为相互正交的共同成分和异质成分（Idiosyncratic Component）之和，其中共同成分就是各成分价格变动的持久成分（Permanent Component）即核心通货膨胀。[3]

一些研究者认为核心通货膨胀与货币政策之间关系紧密。由于某些商品和服务的相对供给和需求变化导致了其相对价格的持久变化，而这些变化不是由货币政策的制定或调整所致，因此核心通货膨胀中应剔除商品和服务的相对价格变化成分。Bryan & Cecchetti（1993，1994）、Blinder（1997）和 Roger（1998）分别从货币政策的角度界定了核心通货膨胀。Bryan 和 Cecchetti 定义的核心通货膨胀是：由货币增长引起的并有助于预测未来通货膨胀的成分。Blinder（1997）和 Roger（1998）则认为，为了更有效地制定并发挥货币政策的有效性，中央银行应该将注意力集中在通货膨胀中持久、潜在的变动趋势上。从货币政策的角度来看，核心通货膨胀是"中央银行的价格指数"，它反映了价格指数（特别是 CPI）中与货币增长量相关联的长期持久

[1] Romer, D. *Advanced Macroeconomics*. The McGraw-Hill Company, Inc., 1996.

[2] Cogley, T. "A Simple Adaptive Measure of Core Inflation". *Journal of Money, Credit and Banking*, 2002, 34 (1), 94–113.

[3] Cristadoro, R. et al. "A Core Inflation Indicator For The Euro Area". *Journal of Money, Credit and Banking*, 2005, 37 (3), 539–560.

的成分，因此将核心通货膨胀定义为通货膨胀中持久的、潜在的部分。[①] Wynne（1999）研究核心通货膨胀时认为应该界定货币政策通货膨胀（Monetary Inflation）。所谓货币政策通货膨胀，是不同于反映生活成本的标题通货膨胀，而是货币政策决策者重点关注的标题通货膨胀中反映其长期趋势的成分。

Roger（1998）指出"核心通货膨胀度量的最终所有结果可以分为两类广义的概念：一类是核心通货膨胀作为持久的通货膨胀；另一类是核心通货膨胀作为普遍的通货膨胀。"但是近年来，出现了另一种核心通货膨胀的定义——使得福利损失最小化的通货膨胀。

综上所述，学术界对核心通货膨胀含义的界定没有统一的表述形式，但根据上述核心通货膨胀的定义，我们可以将其特征归纳为：核心通货膨胀是剔除了部分易受外部冲击影响的商品和服务的价格后，价格水平变动相对平缓的总体价格变动；是构成 CPI 中各分类价格指数的长久、持续的共同成分，反映通货膨胀的长期、稳定的趋势成分；能够较好地预测未来通货膨胀的走势。

就我国而言，中国人民银行武汉分行和国家统计局湖北调查总队联合课题组（2006）第一次从官方的角度，基于 CPI 定义了我国的核心通货膨胀，"核心价格指数是指在居民消费价格指数（CPI）基础上，剔除主要受不可抗拒的自然因素影响、国家政策、垄断定价的商品和服务项目价格后编制的消费价格指数，以反映消费物价的长期走势，为宏观经济决策及调控服务。也就是说，排除政府部门拥有的价格管理权限或具有垄断性的商品和服务价格因素后，单独按照市场经

---

① Blinder, A. S. "Commentary on Measuring Short – Run Inflation for Central Bankers". Review, Federal Reserve Bank of St. Louis, 1997.

济的运行法则和运行规律所表现出来的市场价格变动情况"。[①] 中国人民银行货币政策分析小组在 2007 年第二季度的《中国货币政策执行报告》中，同样从官方角度界定了核心通货膨胀，"核心通货膨胀是指剔除暂时性因素影响的潜在通货膨胀（Underlying Inflation），用于反映价格变动的一般趋势。核心通货膨胀是大多数中央银行关注的重要指标，一般从整体通货膨胀中剔除一些价格容易波动的成分，扣除的成分通常包括食品、能源、间接税、住房抵押贷款成本（一般以住房抵押贷款利率表示）等，最常见的是食品和能源"。由此可见，我国官方定义的核心通货膨胀与国外学术界的定义具有一致性。

根据核心通货膨胀反映了通货膨胀中的长期趋势这一特征，在对其进行度量之前，本章将核心通货膨胀定义为剔除 CPI 篮子中各分类商品和服务价格指数变动的短期或暂时成分后，余下的各分类商品和服务价格指数的长期共同成分，反映通货膨胀潜在的长期趋势，并且是货币决策部门制定货币政策时关注的重要指标。

二 核心通货膨胀的度量方法

核心通货膨胀不能够直接观测，只能够通过各种方法进行估计。核心通货膨胀的度量方法可以按照不同的分类标准进行划分，本章根据 Rich 和 Steindel（2007）的研究，从所采用的数据角度将核心通货膨胀的度量方法分为三类：基于同期横截面数据的核心通货膨胀度量方法、基于时间序列数据的核心通货膨胀度量方法以及基于面板数据的核心通货膨胀度量方法。

（一）基于同期横截面数据的核心通货膨胀度量方法

基于同期横截面数据的核心通货膨胀度量方法是根据同期分类商

---

① 中国人民银行武汉分行、国家统计局湖北调查总队联合课题组：《关于建立中国核心 CPI 问题的研究》，《金融研究》2006 年第 2 期。

品价格指数的增长率来构建核心通货膨胀率的，在计算过程中通常将暂时或短期价格波动剧烈的商品从总体消费价格指数的一篮子商品中予以剔除，然后重新分配剩余类商品价格指数的权重，之后合成的价格指数即为核心通货膨胀指数。基于同期横截面数据的核心通货膨胀度量方法主要包括剔除法、修剪均值法（Bryan & Cecchetti，1994）和加权中位数法（Bryan & Cecchetti，1994），这三种方法又称为有限影响估计法（Limited Influence Estimators）。

1. 剔除法

剔除法（Exclusion Method），是将构成总体消费价格指数（通常指 CPI）篮子中容易受到供给影响和短期波动影响的分类价格指数剔除，重新分配剩余商品类价格指数的权重，然后再计算调整后的通货膨胀率，这样计算的结果即为核心通货膨胀率。剔除法的计算原理相对简单，便于公众理解，因此成为目前世界各国或地区度量核心通货膨胀采用的主要方法，但各国在选择具体剔除 CPI 篮子中的哪些成分时有较大差别，最常被剔除的成分是食品和能源。

采用剔除法度量不同国家的核心通货膨胀时，主要是根据本国过去的消费价格数据判断哪些成分的波动性最大，但这个过程可能存在两个明显的不足：其一，某些波动性相对较大的商品类价格指数可能随着时间的推移变得相对平稳；其二，某些波动性相对较小的商品类价格指数可能随着时间的推移变得波动性较大。因此，所选择剔除的商品成分应该具有较长时期的波动性。

表 2－1 中显示，尽管各国在剔除项目上存在一定的差别，但食品和能源是最常被剔除的项目。其主要原因在于食品类商品对季节性因素和供给冲击的影响非常敏感，而能源如天然气、石油等虽然受季节性因素的影响不大，但很大程度上容易受供给冲击的影响，所以它们的价格经常在短时间内出现较大幅度的波动。剔除掉这些成分后的

CPI可以更准确地反映标题通货膨胀的长期趋势（Roger，1998；Wozniak，1999）。由于间接税及抵押利息支付相对于货币政策的制定具有不确定性和外生性，因此也常常予以剔除。例如Hogan等人（2001）研究加拿大的核心通货膨胀问题时，指出了剔除1991年的增值附加税和1994年的烟草税的优势。Rowlatt（2001）将抵押利息剔除后度量了英国的核心通货膨胀。但使用剔除法度量核心通货膨胀存在一个明显的不足，即在计算加权平均价格水平时，将CPI篮子中被剔除商品的价格指数权重赋予零，由于从CPI中直接剔除某些构成部分的同时，也剔除了隐含在被剔除商品中能够反映价格水平总体变动情况的有用信息，进而使得度量的核心通货膨胀存在较大偏差。[①] 因此，从CPI一篮子商品中选择被剔除的商品时要特别小心，以免丢失较多重要的信息。Clark（2001）根据美国的CPI数据分别分析了通过剔除食品和能源、剔除能源、剔除CPI中波动幅度最大的8项商品类价格指数后所度量的核心通货膨胀在反映潜在通货膨胀方面的效率，分析结果表明只有剔除能源后的CPI所度量的核心通货膨胀率最优。

表2－1　各国采用剔除法度量核心通货膨胀所剔除的内容

国　　家	剔除项目
美　　国	剔除食品和能源项目的CPI；剔除食品和能源项目的PCE（消费支出价格）
泰　　国	剔除生鲜食品、能源（23%）的CPI
英　　国	剔除抵押利息支付的零售价格指数（RPI）
日　　本	剔除新鲜食品项目的CPI
澳大利亚	剔除抵押利息支付、政府控制价格的项目和能源项目的CPI

---

① Rowlatt, Amanda. "The U. K. Office for National Statistics and the Inflation Target". *Economic Trends*, 2001, No. 577 (December), reprinted in Carson and others (2002) op. cit, 125 – 136.

续表

国　　家	剔除项目
新 西 兰	剔除政府控制价格的项目、利息和信用卡费用支出的 CPI
加 拿 大	剔除间接税、食品和能源项目的 CPI
新 加 坡	剔除私人交通和住宿费用的 CPI
荷　　兰	剔除蔬菜、水果和能源的 CPI
西 班 牙	剔除抵押利息支付项目的 CPI
瑞　　典	剔除住房抵押利息和税收补贴项目的 CPI
法　　国	剔除税收、食品、能源和政府管制价格商品的 CPI
希　　腊	剔除食品和燃料的 CPI
以 色 列	剔除政府控制价格的商品、居住、水果和蔬菜项目的 CPI
比 利 时	剔除能源、土豆、水果和蔬菜项目的 CPI

资源来源：Bryan 和 Cecchetti（1999），并根据各国统计机构和中央银行网站资料补充整理。

2. 加权中位数法

加权中位数法（Weighted Median Method），是在每个 CPI 样本期间内，计算 CPI 篮子中每种商品价格指数的变动幅度，然后按价格指数变动幅度的大小进行排序，价格指数变动幅度处于中位数位置的商品类价格指数的变动即为核心通货膨胀率。Bryan 和 Christopher（1991）最早提出加权中位数法的思想，Mankiw 等人（1993）的研究也表明商品价格指数变动的波动分布是有偏的，并认为将中位数位置的商品类价格指数的变动作为核心通货膨胀是合理的。[①] Bryan 和 Cecchetti（1994）完整地阐述了该方法。

Bryan 和 Cecchetti（1993）建立了一个商品定价模型来说明商品价格指数的分布情况，该模型的主要内容为：假设经济体中存在两类

[①] Mankiw, N., Reis, R. "What Measure of Inflation should a Central Bank Target?" *Journal of the European Economic Association*, 2003（5），1058－1086.

商品标价者（Price Setter），一类商品标价者的商品定价是灵活的，可以根据现阶段的经济状况及时调整商品价格，该标价者符合古典自由主义理论的订约者；另一类商品标价者由于较高的菜单成本不能及时调整所标示的商品价格，只有当调整后的价格能弥补菜单成本的时候，才会对商品的价格进行调整，该标价者符合新凯恩斯主义理论的订约者。第一类标价者以"现实"为基础，可以频繁地调整商品的价格，对货币供给和通货膨胀的长期趋势不太关注，因此形成了较强的短期商品价格波动。而第二类标价者是以"预期"为基础的，调整商品价格时必须考虑其未来的走势，形成的价格较为平稳，不易变动，是核心通货膨胀研究的主要部分。因此，度量核心通货膨胀时需要从总体价格指数中剔除第一类标价者的商品价格指数，剩余的部分则反映了价格水平的长期变化趋势。据此，他们进一步提出修剪均值法对核心通货膨胀进行度量。

3. 修剪均值法

Bryan 和 Cecchetti（1994）提出度量核心通货膨胀的修剪均值法（Trimmed Mean），该方法是在每个 CPI 样本期间内，将 CPI 篮子中价格指数波动幅度最大的和最小的商品按一定的百分比予以剔除，然后再计算调整后的通货膨胀率，这样计算出来的结果即为核心通货膨胀率。通过综合分析商品价格指数变动的横截面数据，选取"最适修剪值"，剔除价格指数变动数据中的极端值，再计算处于价格指数变动概率分布中处于中间位置数据的均值，最终得到核心通货膨胀估计值。

Wozniak（1999）论述的修剪均值法的内在思想为：由于外来无关因素对价格的影响，样本均值是对真实通货膨胀的有偏估计。由于 CPI 篮子中各类商品价格指数的分布是对称的，去掉极端值后不会改变总体样本的均值。所以修剪均值法可以降低总体样本均值有偏、非正态分布等不良性质。但是，如果分布不是对称的，去掉均值会使总体样本均值变大（正的不对称）或变小（负的不对称）。正的不对称表明分布向正值倾斜，负的不对称表明分布向负值倾斜。如果商品价格指数分布接近正态，则估计出的核心通货膨胀应该是无偏的。一般而言，修剪均值法的计算过程如下：

（1）设 CPI 篮子中含有 n 个商品分类，将这 n 个商品分类按价格指数波动幅度的大小进行排序，记为 $\{x_1, x_2, \cdots, x_n\}$，$n$ 个商品分类对应的权重为 $\{r_1, r_2, \cdots, r_n\}$，且权重之和为 1。

（2）计算从第 1 个商品分类项到第 i 个商品分类项的累积权重，记为 $R_i = \sum_j^i r_j$，其中 r_j 表示排序后第 j 个商品分类项的权重。

（3）根据设定的修剪值 α，重新设定 CPI 篮子中的分类项，且 α 满足：

$$I_\alpha = \left\{ i : \frac{\alpha}{100} < R_i < 1 - \frac{\alpha}{100} \right\}$$

（4）计算修剪值为 α 的核心通货膨胀率：

$$\pi^\alpha = \frac{1}{1 - 2\alpha/100} \sum_{i \in I_\alpha} x_i r_i \qquad (2-1)$$

选取不同的 α 值，测量的核心通货膨胀也存在一定差异。当 α 取值为 0 时，π^α 是一般意义上的加权平均值；当 α 取值为 50% 时，π^α 是加权中位数法度量的核心通货膨胀。但如何确定最优修剪值 α 呢？Sadia Tahir（2003）提出采用均方根误差（Root Mean Square Error，简称 RMSE）最小化准则来确定 α 的值：

$$RMSE(\alpha) = \sqrt{\sum_{t=1}^n (\pi_t^\alpha - \pi_t^T)/n} \qquad (2-2)$$

其中 π_t^T 是趋势通货膨胀率，一般情况下采用 12 个月的通货膨胀率的移动平均或 H-P 滤波得到。π_t^α 是双侧修剪水平各取 α 时度量的核心通货膨胀，最后计算 π_i^a 与 π_t^T 的均方根误差，使得均方根最小的修剪值即为最优 α 值，即 $\alpha = \mathrm{argmin} RMSE(\alpha)$。

双侧修剪均值法两侧所选取的修剪值可以是非对称的，Aidan（1999）指出综合考虑价格变动率的偏倚性和波动性来确定非对称的修剪值，计算不同偏倚水平和修剪水平下的修剪结果，根据与通货膨胀趋势值的拟合度寻找最优偏倚值和修剪值。[①] 根据 Dolmas（2005）的研究，将各类商品价格指数的增长率从小到大排序后，将两侧的修剪值分别设为 α 和 β，剩余成分的权重之和为 $R_i = \sum_{j}^{i} r_j$，剩余样本表示为 $I_{(\alpha,\beta)} = \{i : \alpha < R_i < 1 - \beta\}$，且 $\alpha + \beta < 1$，则以 α 和 β 为修剪值度量的核心通货膨胀率表示为：

$$\pi^{(\alpha,\beta)} = \frac{\sum_{i \in I} r_i x_i}{1 - \alpha - \beta} \qquad (2-3)$$

其中，α 和 β 的取值依然根据 RMSE 准则进行选取。

Brischetto 和 Richard（2006）对采用修剪均值法度量核心通货膨胀的合理性做了详细的阐述。大多数国家也开始关注并采用修剪均值法度量核心通货膨胀，Dolmas（2005）和 Smith（2007）分别以美国的个人消费支出指数（PCE）为基础采用修剪均值法和加权中位数法度量了美国的核心通货膨胀。

由以上表述可知，修剪均值法与剔除法在度量核心通货膨胀时均剔除了某些商品，但它们明显的不同之处在于：修剪均值法在每个样本期间内，根据每个商品类价格指数变动的幅度大小剔除的商品是不同的，而剔除法在每个样本期间内剔除 CPI 篮子中的商品是固定不

---

① Aidan, Meyler. "A Statistical Measure of Core Inflation". *MPRA Paper*, 1999, No. 11362.

变的。

（二）基于时间序列数据的核心通货膨胀度量方法

基于时间序列的度量方法主要是利用通货膨胀自身的数据特点，从通货膨胀中分离出其趋势成分，将其作为核心通货膨胀的估计值。该方法主要包括 H - P 滤波、指数平滑法（Cogley，2002）、结构向量自回归模型（Quah & Vahey，1995）及共同趋势模型法（Bagliano & Morana，2003a，2003b）。

1. 平滑法

平滑法，是使用简单移动平均法（3 个月、6 个月或 12 个月等）、X11 和 X12 等季节调整法、Hodrick - Prescot（H - P）滤波法及 Baxter 和 King（1995）提出的 Band - Pass（B - P）滤波法，其主要目的是消除或减少单一时间序列中的短期波动，将暂时性通货膨胀波动或周期性成分分离出来，余下成分即为核心通货膨胀。20 世纪 80 年代以来，许多欧洲国家广泛使用上述平滑法度量核心通货膨胀。Cogley（2002）研究表明，虽然上述方法能够在一定程度上克服个别商品价格增长率有偏的不利影响，但采用以上方法度量的核心通货膨胀不仅存在高频噪音成分，而且不能全面地反映总体价格变动的暂时性因素。

基于上述不足，Cogley（2002）提出了指数平滑法（Exponential Smoothing），该方法的主要思想是通过采用递减的权重对当前和过去的通货膨胀进行加权平均，以此估计核心通货膨胀，这样不仅可以弥补上述各方法的不足，而且还可以捕捉到当货币政策发生变化时通货膨胀的突发性和持续性的变动情况。采用指数平滑法度量的核心通货膨胀可以表示为：

$$\pi_t^{core} = \frac{m}{1-(1-m)L}\pi_t = m\sum_{i=0}^{\infty}(1-m)^i\pi_{t-i} \qquad (2-4)$$

其中 L 是滞后算子，$0 < m < 1$ 是固定参数，π_t^{core} 是核心通货膨胀率。该方法实质上是通过低频滤波 $m[1-(1-m)L]^{-1}$ 对通货膨胀进行滤波，核心通货膨胀是通过将通货膨胀的滞后期按递减指数权重进行加权平均得到的。而采用 H-P 滤波法及 B-P 滤波法度量核心通货膨胀取决于通货膨胀的滞后值及超前值，相比之下，指数平滑法的优点是：它是单项滤波，核心通货膨胀的度量仅取决于通货膨胀的滞后期，因此具有及时可算性。另外，该方法的计算仅取决于不随新增数据的改变而改变的外生参数 m，从而保证了已得到核心通货膨胀率的历史数据不会随通货膨胀数据的增加而改变。参数 m 具有经济含义，其大小与公众对核心通货膨胀的认知速度有关，认知变化的周期为 $\ln(2)/m$。

平滑法在学术界相关研究中得到大量的应用，Cecchetti（1998）和 Clark（2001）采用三年（36 个月）的月度 CPI 移动平均值作为通货膨胀长期趋势的年度增长率的估计值。另外，由于小波方法（Wavelet Method）可以处理时间序列数据的不连续跳跃、非平稳性及结构变化等传统方法难以处理的问题，因此也被用于估计核心通货膨胀。Anderson 等人（2007）、Baqaee（2010）和 Down 等人（2010）采用小波法估计了美国和新西兰的核心通货膨胀。

2. 结构向量自回归模型法

结构向量自回归模型（SVAR 模型）是结构化的 VAR 模型，是对 VAR 模型的一种改进。尽管 VAR 模型在分析多元时间序列中得到广泛的应用，但由于 VAR 模型中的新息可能存在较强的相关性，因此该模型的新息不具有明确的经济含义，这导致脉冲响应函数的经济意义模糊不清（Enders，1995），而估计 SVAR 模型的关键问题是建立合理的约束条件。

Quah 和 Vahey（1995）将核心通货膨胀定义为"通货膨胀中对实际产出没有中长期影响的成分"，进而建立包含产出增长率和消费价格指数同比增长率的 SVAR 模型，并且明确要求两个变量之间不存在协整关系。设 y_t 是产出增长率，π_t 是消费价格指数增长率，ε_{1t} 与 ε_{2t} 分别代表需求冲击和供给冲击，且同时影响 y_t 与 π_t。ε_{1t} 和 ε_{2t} 均为标准化的白噪声序列，$E(\varepsilon_1) = E(\varepsilon_2) = 0$，$Cov(\varepsilon_1, \varepsilon_2) = 0$，$E(\varepsilon_t \varepsilon'_t) = I_2$。将平稳过程 y_t 与 π_t（若是非平稳序列，需要进行数据处理得到平稳序列）分别表示为移动平均过程，即当前与过去各期需求冲击和供给冲击的线性组合：

$$\begin{pmatrix} y_t \\ \pi_t \end{pmatrix} = \begin{pmatrix} S_{11}(L) & S_{12}(L) \\ S_{21}(L) & S_{22}(L) \end{pmatrix} \begin{pmatrix} \varepsilon_{1t} \\ \varepsilon_{2t} \end{pmatrix} \qquad (2-5)$$

其中 $S_{ij}(L)$ 是关于滞后算子 L 的多项式：

$$S_{ij}(L) = \sum_{k=0}^{\infty} S_{ij}^{(k)} L^k$$

这里，$S_{ij}^{(k)}$ 表示第（$t-k$）期中的第 j 种冲击对第 i 个变量的影响程度，并且有 $S_{ij}^{(0)} = S_{ij}(0)$。令 $X_t = (y_t, \pi_t)'$，$\varepsilon_t = (\varepsilon_{1t}, \varepsilon_{2t})'$，$S^{(k)} = [S_{ij}^{(k)}]_{2\times2}$，则（2-5）式可以改写为：

$$X_t = S(L)\varepsilon_t = \sum_{k=0}^{\infty} S^{(k)} L^k \varepsilon_{t-k}$$

为了估计 $S(L)$ 和 ε_t，首先采用最小二乘法（OLS）估计简化 VAR 模型 $X_t = A + B(L)X_{t-1} + e_t$，将其表示为无穷阶的 VAR（$+\infty$）形式 $X_t = C(L)e_t$，根据结构 VAR 形式得到 $C(L)e_t = S(L)\varepsilon_t$。由于 $C(0) = I_2$，因此 $S(0)\varepsilon_t = e_t$，并且有：

$$E(e_t e'_t) = S(0)E(\varepsilon_t \varepsilon'_t)S'(0) = S(0)S'(0)$$

由该方程可以得到关于 $S_{ij}(0)$（$i = 1,2$；$j = 1,2$）的 3 个方程，另外还需要 1 个方程才可以求解 $S(0)$ 中的所有元素，因此有 $S_{11}(L) = 0$。根据自然率假说，只有供给冲击影响产出的长期趋势变化，而需求冲击在长期内对产出的累积影响为零。该假说反映了 20 世纪 80 年代以来的经济思想——潜在产出（即产出的长期趋势成分）是服从随机游走的，由各期的供给冲击决定，实际产出是潜在产出与产出缺口（波动成分）之和，产出缺口是由需求冲击决定，需求冲击导致的产出缺口之和为零。通货膨胀中受到供给冲击影响的部分作为核心通货膨胀，即所估计的核心通货膨胀可以表示为：

$$\pi_t^{core} = S_{22}(L)\varepsilon_{2t}$$

3. 共同趋势模型

Bagliano 和 Morana（2003a，2003b）扩展了 Quah 和 Vahey（1995）的双变量 SVAR 模型，他们认为如果在模型中加入新的变量，必须考虑变量之间可能存在的协整关系，并运用 Stock & Watson（1988）、Mellander、Vredin 以及 Warne（1992）等人提出的协整系统中变量包含共同趋势的思想，分别建立包含四个变量和五个变量的共同趋势模型（Common Trends Model）度量了美国和英国的核心通货膨胀率。多变量的共同趋势模型比双变量的 SVAR 模型包含更多的信息，度量的核心通货膨胀可能更加准确、可信。但是估计的核心通货膨胀与采用 SVAR 模型估计相比还存在一些不确切的问题，例如，当仅有一个有限的样本约束时，通过长期约束可以得到什么样的结果等（Faust & Leeper，1997）。下面对共同趋势模型的原理及估计过程进行说明：

设 X_t 是由 n 个 $I(1)$ 变量构成的（$n \times 1$）维向量，如果该 n 个 $I(1)$ 变量之间存在 r 个协整关系，根据 Granger（1990）的表述定理：存在 r 个协整关系的 n 个 $I(1)$ 变量可以表示为向量误差修正模型

（VECM）：

$$\Delta X_t = \Psi(L)\Delta X_{t-1} + \alpha\beta' X_{t-1} + e_t \qquad (2-6)$$

其中，$\Psi(L) = \Psi_1 + \Psi_2 L + \cdots + \Psi_p L^{p-1}$ 是关于滞后算子 L 的多项式，α 是 $(n \times r)$ 调节系数矩阵，β 是 $(n \times r)$ 维协整向量，e_t 是彼此独立且同分布的扰动项。将 （2-6）式转化为沃尔德表述形式（Wold Representation）：

$$\Delta X_t = C(L)e_t \qquad (2-7)$$

其中 $C(L) = I + C_1 L + C_2 L^2 + \cdots$，$\sum_{j=0}^{\infty} |C_j| < \infty$。由 （2-6）式推出 X_t 的水平值表达式：

$$X_t = X_0 + C(1)\sum_{j=0}^{t-1} e_{t-j} + C^*(L)e_t \qquad (2-8)$$

其中 $C^*(L) = \sum_{j=0}^{\infty} C_j^* L^j$，$C_j^* = -\sum_{i=j+1}^{\infty} C_i$，$X_0$ 表示样本 X_t 的初始观察值。$C(1)$ 表示扰动项 e_t 对 X_t 的长期影响。为了赋予 （2-7）式和 （2-8）式经济含义，将扰动项 e_t 对 X_t 的影响分解为长期影响（Permanent Effects）和短期影响（Transitory Effects）的两类冲击向量：$\varphi_t = (\psi_t, \varphi_t)'$，其中 ψ_t 和 φ_t 分别为含有 k 个和 r 个元素的子向量（$k + r = n$），则 X_t 的一阶差分形式表示为：

$$\Delta X_t = \Pi(L)\varphi_t \qquad (2-9)$$

其中 $\Pi(L) = \Pi_0 + \Pi_1 L + \cdots$，（2-7）式中 $C(L)$ 的第一项为单位阵，与 （2-9）式的第一项相比较，可以得出：

$$e_t = \Pi_0 \varphi_t$$

这里，Π_0 是可逆矩阵，将 （2-9）式与 （2-7）式做比较，可以得出：

$$C(L)\Pi_0 = \Pi(L) \qquad (2-10)$$

由此可知，$C_i\Pi_0 = \Pi_i$（$\forall i > 0$），$C(1)\Pi_0 = \Pi(1)$。为了估计向量 φ_t 中代表的永久冲击向量 ψ_t 和短期冲击向量 φ_t，需要对长期矩阵 $\Pi(1)$ 施加如下约束：

$$\Pi(1) = (\Pi_g \quad 0)$$

其中 Π_g 是（$n \times k$）维子矩阵，上式可以解释为扰动项 ψ_t 对 X_t 仅有长期影响，φ_t 对 X_t 仅有短期影响。则（2-7）式可以进一步表示为：

$$X_t = X_0 + \Pi(1)\sum_{j=0}^{t-1}\varphi_{t-j} + \Pi^*(L)\varphi_t = X_0 + \Pi_g\sum_{j=0}^{t-1}\psi_{t-j} + \Pi^*(L)\varphi_t$$
$$(2-11)$$

其中 $\Pi^*(L)$ 的定义类似于（2-6）式中 $C^*(L)$ 的定义，长期成分 $\sum_{j=0}^{t-1}\psi_{t-j}$ 可以表示为：

$$\rho_t = \eta + \rho_{t-1} + \psi_t = \rho_0 + \sum_{j=0}^{t-1}\psi_{t-j} \qquad (2-12)$$

由（2-11）式和（2-12）式可以得到 X_t 的共同趋势（Common Trend）表达式：

$$X_t = X_0 + \Pi_g\rho_t + \Pi^*(L)\varphi_t \qquad (2-13)$$

Stock & Watson（1988）、King、Plosser、Stock 与 Watson（1991）以及 Warne（1993）研究表明：要识别（2-13）式中代表对 X_t 有长期影响的矩阵 Π_g，则需要对其施加一系列约束条件。[1][2] 一部分约束可

---

[1] King, R. J. et al. "Stochastic Trends and Economic Fluctuations". *American Economic Review*, 1991 (81), 819-840.

[2] Warne, A. "A Common Trends Model: Identification, Estimation and Inference". Seminar Paper No. 555, IIES, Stockholm University, 1993.

由协整关系和对参数矩阵 $C(1)$ 的一致估计给出，另一部分约束则由长期中性假设等经济理论给出。只要估计出长期影响矩阵 Π_g，那么 X_t 中各变量在长期冲击 ψ_t 影响下的变化可以被解释为对 X_t 的长期预期：

$$\lim_{h \to \infty} E_t X_{t+h} = X_0 + \Pi \rho_t$$

（三）基于面板数据的核心通货膨胀度量方法

一般来讲，基于面板数据的核心通货膨胀度量方法分为两类：一类是根据具体的标准重新分配各类商品在通货膨胀篮子中的权重，在此基础上重新对各类商品进行加权平均得到核心通货膨胀率，目前重新分配权重的标准主要包括根据相对价格变化的标准差和惯性指标；另一类是根据核心通货膨胀的定义——各分类商品价格指数变动的共同成分。基于面板数据的核心度量方法主要包括方差权重法、惯性权重法及动态因子指数法。

1. 方差权重法

Dow（1994）和 Diewert（1998）提出可以根据各类商品价格指数增长率的波动大小重新分配权重，即价格指数增长率方差的倒数与其权重大小成正比，该方法的优点在于没有完全舍弃掉可能包含有通货膨胀长期趋势信息的分类价格指数，并且其权重可以随时间不断进行调整。在各类商品价格指数变化的概率分布中，处于两侧尾部的价格指数波动主要是由外部冲击引起的，对这类商品赋予较小的权重，而对价格指数波动概率分布接近50%的商品则赋予较大的权重，该方法也称为埃奇沃斯（Edgeworth）指数法。假设在 t 时刻包含 n 类商品的通货膨胀指数中的第 i 类商品的价格指数在核心通货膨胀指数中的权重为：

$$w_{it} = \frac{(\sigma_{it}^2)^{-1}}{\sum_{i=1}^{n}(\sigma_{it}^2)^{-1}} \qquad (2-14)$$

其中 σ_{it}^2 刻画了第 i 类商品的价格指数在 t 时刻的波动程度，通过前 κ 个时期样本偏离当期核心通货膨胀的方差表示，计算方法为：

$$\sigma_{it}^2 = \frac{1}{\kappa}\sum_{s=t-\kappa}^{t-1}(\pi_{is} - \pi_s^{core})^2$$

其中 π_{is} 和 π_s^{core} 分别为第 i 类商品在第 s 时刻的价格指数和 s 时刻的核心通货膨胀指数。根据上述权重重新对各类商品的价格指数进行加权平均，即可得到核心通货膨胀指数。由于 σ_{it}^2 是根据前 κ 个时期的样本计算得到的，从而保证了权重的实时性。核心通货膨胀的初始值可以通过计算各类商品价格指数增长率的简单算术平均值得到，距离初始值越小，形成的误差越小。

Francisco（2001）据此进一步提出度量核心通货膨胀的双倍加权法（Double Weighted Method），该方法与方差权重法的思想基本一致，均重新考虑了各类商品在 CPI 篮子中的比例问题，不同之处仅是在计算过程中多了一次加权平均过程，理论上讲更加准确。① 具体的算法如下：

$$\pi_t^{core} = \frac{\sum_{i=1}^{n}\alpha_i w_i \pi_{it}}{\sum_{i=1}^{n}\alpha_i w_i}$$

其中，α_i 表示第 i 类商品的价格指数在 CPI 中的权重，π_{it} 是第 i 类商品的价格指数，w_i 与（2-14）式的意义相同。尽管该方法在学术

---

① Francisco, M. R. F. "Evaluating Core Inflation Measures for Brazil". Working Paper Series 14, Banco Central do Brasil, 2001 (3).

界具有一定的理论研究价值，但还没有得到实际应用。

2. 惯性权重法

Blinder（1997）认为核心通货膨胀与标题通货膨胀的主要区别是，核心通货膨胀强调标题通货膨胀中的持久性成分，直接剔除部分商品而度量核心通货膨胀是不合理的，核心通货膨胀的度量应该根据通货膨胀篮子中各类商品价格指数变动的惯性或对未来通货膨胀的预测能力方面重新分配权重后进行加权平均。所谓惯性是指各类商品的价格在受到随机冲击后偏离其均衡状态趋势所持续的时间（Fuhrer，1995），持续的时间越久，其惯性越强，货币政策的滞后效应也越明显。Culter（2001）研究发现就对未来通货膨胀的预测能力而言，采用惯性权重法度量的核心通货膨胀优于被广泛采用的剔除法度量的核心通货膨胀以及标题通货膨胀自身。

关于惯性的计算方法，Gadzinski 和 Orlandi（2004）提出两种方法：第一种方法是采用 CPI 中各分类商品价格指数的自回归方程滞后系数之和反映其惯性，这种方法计算较为简便，因此得到广泛的应用；第二种方法是采用"半衰期"（Half - life Indicator）方法计算CPI 及各类商品价格指数的惯性，所谓"半衰期"是指"暂时性冲击影响超过其最初影响一半的时期数"。这两种方法的实质都是通过时间序列脉冲响应函数法反映 CPI 及各分类商品价格指数的惯性。[①] Dias 和 Marques（2005）的研究表明，在平稳序列的假设条件下，根据各类商品价格指数序列回归均值的频率判断其惯性大小，频率越小，其惯性越大。[②] Bilke 和 Stracca（2007）认为货币政策的制定和调整应

[①] Gadzinski, G. et al. "Inflation Persistence in the European Union, the Euro Area, and the United States". *European Central Bank Working Paper*, 2004.

[②] Dias, D. et al. "Using Mean Reversion as a Measure of Persistence". *European Central Bank Working Paper Series*, 2005 (3), No. 450.

该更加关注中期目标，通过计算各类商品的价格指数与未来或过去某一时间标题通货膨胀的相关系数，确定各类商品价格指数的惯性，相关系数越大，其惯性越大，度量核心通货膨胀时，对价格指数变化惯性越小的商品和服务赋予越低的权重。[①]

Culter（2001）采用以下回归方程计算构成通货膨胀中各类商品价格指数变动的惯性：

$$\pi_{i,t} = \alpha_i + \rho_i \pi_{i,t-12} + \varepsilon_{i,t} \tag{2-15}$$

其中 $\pi_{i,t}$ 表示第 i 类商品的价格指数变化率，ρ_i 表示第 i 类商品价格指数惯性的大小，ρ_i 越大表示其惯性越大。如果 ρ_i 的估计值 $\hat{\rho}_i$ 是正的，则该类商品价格指数代表通货膨胀中的持久成分，如果 ρ_i 的估计值 $\hat{\rho}_i$ 是负的，则在计算核心通货膨胀时将其权重设定为零，采用最小二乘法（OLS）估计（2 - 15）式。根据以下公式重新计算各类商品价格指数的权重：

$$\frac{\sum_{i \in \rho > 0} \hat{\rho}_i \pi_{i,t}}{\sum_{i \in \rho > 0} \hat{\rho}_i}$$

按照该权重重新合成的价格指数即为核心通货膨胀。

Gadzinski 和 Orlandi（2004）通过如下回归方程估计各类商品价格指数的惯性系数：

$$\pi_{it} = \mu_i^0 + \mu_i^1 D_t + \rho_i \pi_{i,t-1} + \sum_{j=1}^{k} \alpha_i^j \Delta \pi_{i,t-j} + \varepsilon_{it}$$

其中 D_t 是虚拟变量，表示可能存在的结构变化。

---

① Bilke, Laurent and Stracca, Livio. "A Persistentence-Weighted Measure of Core Inflation in the Euro Area". *Economic Modelling*, 2007（24），1032 - 1047.

3. 动态因子指数模型

Bryan & Cecchetti（1993）和 Cecchetti（1998）将核心通货膨胀定义为 CPI 篮子中各分类商品价格指数变动所包含的共同变动趋势，但这种共同变动趋势是不能够被直接观测到的。Bryan & Cecchetti（1993）与 Cecchetti（1998）根据 Stock 和 Watson（1991）提出的 CPI 中各类商品价格指数变动中包含的共同趋势结论，提出采用动态因子指数模型（Dynamic Factor Index Model，简称 DFI 模型）度量核心通货膨胀。DFI 模型的一般形式如下：

$$\pi_t = \Pi_t + \varepsilon_t \tag{2-16}$$

$$\psi(L)\Pi_t = \delta + \xi_t \tag{2-17}$$

$$\Theta(L)\varepsilon_t = \eta_t \tag{2-18}$$

（2-16）式中 π_t 表示 CPI 中 n 个分类的商品价格指数序列，即 $\pi_t = [\pi_{1t}, \pi_{2t}, \cdots, \pi_{nt}]'$，状态向量 Π_t 表示 CPI 中 n 类商品价格指数的长期共同成分，即核心通货膨胀，对各类商品价格指数而言是相同的。$\varepsilon_t = [\varepsilon_{1t}, \varepsilon_{2t}, \cdots, \varepsilon_{nt}]'$ 表示 CPI 中 n 类商品价格指数的短期扰动，对各类商品价格指数而言是不同的，并且 Π_t 与 ε_t 彼此不相关。也就是说，CPI 中 n 类商品价格指数序列均是由长期共同趋势 Π_{it} 和短期扰动 ε_{it} 两部分构成的。采用该模型度量核心通货膨胀的内在思想是：在市场力量的作用下，CPI 中的 n 类商品价格指数在短期内受到不同冲击干扰而显示不同的波动情况，但是长期内具有相同的波动趋势，这种共同趋势代表了核心通货膨胀率。

（2-17）式和（2-18）式均表示自回归过程，假设关于滞后算子 L 的矩阵多项式 $\psi(L)$ 和 $\Theta(L)$ 均服从 AR（2）过程，即 $\psi(L) = 1 - \psi_1 L - \psi_2 L^2$，$\Theta(L) = 1 - \Theta_1 L - \Theta_2 L^2$，$\delta$ 为未知常数，ξ_t 和 η_t 均为白噪声向量。上述的 DFI 模型可以改写为状态空间模型形式，然后使

用卡尔曼滤波（Kalman Filter）法进行估计，分解出的状态向量 Π_t 即为核心通货膨胀。该方法的唯一不足之处是度量的核心通货膨胀将随样本增加而改变。

采用该模型度量核心通货膨胀对数据的要求比较高，既需要时间序列数据又需要横截面数据，重点考查了经济变量之间的动态过程，是一种将计算机方法和控制论相结合的核算方法，学术界一直没有中断对其的研究。

4. 协整 – 误差修正模型

假设 K 种商品的价格变化 π_{it}（$i = 1,2,\cdots,K$）均值 1 阶单整时间序列；且彼此之间存在 R 个协整关系，根据 Granger 定理，对应的向量误差修正模型如下：

$$\Delta\pi_t = M\alpha'\pi_{t-1} + \Upsilon_1\Delta\pi_{t-1} + \cdots + \Upsilon_{t-p-1}\Delta\pi_{t-p-1} + \varepsilon_t$$

其中 α 是协整矩阵，M 是矩阵。Stock 和 Watson（1988）研究表明，如果 π_t 中 K 个成分之间存在协整关系，则每个成分可以表示为 $h = K - R$ 个 1 阶单整序列的共同因子 f_t 的线性组合与一个平稳的短期波动序列之和，即 $\pi_t = Bf_t + \tilde{\pi}_t$，其中 Bf_t 和 $\tilde{\pi}_t$ 分别代表 π_t 中的长期成分和短期成分。Gonzalo 和 Granger（1995）验证了 $f_t = M'\perp\pi_t$，$M'\perp M = 0$，即 M' 与 M 为正交互补矩阵。如果 f_t 是一维的，即 $h = K - R = 1$，则 f_t 为 π_t 中 K 种商品价格变动的共同成分，即核心通货膨胀。

这种方法仅适用于各类商品价格变化均为 1 阶单整序列且彼此存在协整关系的情况。如果 $h = K - R > 1$，则该系统中可能存在多个共同因子，因而无法识别出核心通货膨胀。

第二节　国内外研究状况

目前我国的统计机构没有正式定义核心通货膨胀，也没有定期度量和公布该指标。国内官方和学术界已经开始关注和研究我国的核心通货膨胀问题，但国内学术界对核心通货膨胀的研究非常有限。

黄燕（2004）对国外学术界关于核心通货膨胀的含义及主要的度量方法进行了简要综述，并分析了我国编制核心通货膨胀经济指标的必要性和启示。黄燕和胡海鸥（2006）对国外学术界度量核心通货膨胀的主要方法的预期性质进行比较分析，结果表明"剔除食品后的CPI（CPIXF）"和采用加权中位数法度量的核心 CPI 的波动性均小于CPI，并且 CPIXF 和核心 CPI 与 CPI 之间都存在正相关关系。[①]

简泽（2005）采用 Quah 和 Vahey（1995）提出的度量方法，建立了包含实际 GDP 和零售物价指数两个经济变量的 SVAR 模型，度量了我国的 1954~2002 年的年度核心通货膨胀率，结果表明采用该方法度量的我国核心 CPI 符合核心通货膨胀的含义，并且度量结果能够帮助我们认识过去每次通货膨胀以及通货紧缩的形成机制。[②]

范跃进和冯维江（2005）运用剔除法、加权中位数法和修剪均值法度量了我国的核心通货膨胀，结果表明采用剔除法度量的核心通货膨胀对通货膨胀的预测作用最不明显，而修剪均值法及加权中位数法计算出的核心 CPI 具有较好的预测能力。[③]

---

① 黄燕、胡海鸥：《核心通货膨胀衡量方法的比较研究》，《统计与决策》2006 年第 6 期。

② 简泽：《中国核心通货膨胀的估计》，《数量经济技术经济研究》2005 年第 11期。

③ 范跃进、冯维江：《核心通货膨胀测量及宏观调控的有效性：对中国 1995~2004的实证分析》，《管理世界》2005 年第 5 期。

赵留彦（2006）运用单变量非观测成分（Unobserved Component，简称 UC）模型估计了我国的核心通货膨胀，结果表明，1998～2002 年间的通货紧缩并没有如商品价格指数下降表现的那么严重。[①]

龙革生、曾令华和黄山（2008）运用剔除法、加权中位数法、修剪均值法、SVAR 模型和共同趋势模型度量了我国的核心通货膨胀，结果表明修剪均值法和加权中位数法计算出的核心通货膨胀率受食品类权重过大的影响，不适合作为度量我国核心通货膨胀的方法，但这五种方法度量的核心通货膨胀都能够在不同程度上预测 CPI。[②] 龙革生、黄山和湛泳（2008）进一步研究了采用共同趋势模型度量核心通货膨胀时预测通货膨胀的效果，结果表明该方法在预测通货膨胀上表现得不稳定，并且对通货膨胀的预测能力有限。

赵昕东（2008）扩展了 Quah 和 Vahey（1995）的两变量 SVAR 模型，建立包含消费价格指数、食品价格指数与产出三个变量的 SVAR 模型，度量了我国 1986～2007 年的年度核心通货膨胀，结果表明采用该方法估计的核心 CPI 能够较好地反映我国通货膨胀的趋势性变化。[③]

王少平和谭本艳（2009）运用 Gonzalo 和 Granger 有关协整－误差修正模型的调节系数阵的正交分解技术度量了我国的核心通货膨胀，并对其动态调整行为和惯性进行研究，结果表明，样本期（2001 年 1～2009 年 1 月）和近一轮通货膨胀期（2007 年 2 月～2009 年 1

---

① 赵留彦：《中国核心通胀率与产出缺口经验分析》，《经济学》2006 年第 7 期。
② 龙革生、曾令华、黄山：《我国核心通货膨胀的实证比较研究》，《统计研究》2008 年第 3 期。
③ 赵昕东：《基于 SVAR 模型的中国核心通货膨胀的估计与应用》，《统计研究》2008 年第 7 期。

月）我国核心 CPI 的平均水平均大于标题 CPI 的波动幅度。[①]

范志勇和张鹏龙（2010）采用 Gadzinski 和 Orlandi（2004）提出的方法，估计中国基于价格上涨惯性权重的核心通货膨胀指标。[②]

从我国学术界度量核心通货膨胀所采用的方法来看，剔除法、修剪均值法、加权中位数法及 SVAR 模型法是几种主要的方法，而前三种方法均需要知道 CPI 中各类商品价格指数在 CPI 中所占的权重。由于我国统计部门没有系统地定期公布 CPI 篮子中各类商品价格指数的权重，因此学术界主要采用计算 CPI 中各类商品价格指数的消费支出占总支出的比率来确定其权重，理论上讲该确定权重的方法是可行的，但是与国家统计局实际采用的权重存在较大偏差。例如范跃进和冯维江（2005）在度量我国核心通货膨胀时，是根据城镇和农村消费支出结构及城镇和农村人口比例重新计算各类商品价格指数的权重的，其计算的 1995 年和 2004 年食品类商品价格指数的权重分别为56.29% 和 41.15%，而我国官方公布 1995 年和 2004 年食品类商品价格指数的权重分别为 44% 和 33.6%。由此可见，研究者得到的权重与官方公布的各类商品价格指数的实际权重存在实质性的偏差，因此，需要进一步研究 CPI 中各类商品价格指数的权重，使得各类商品价格指数的权重更具有科学性和适用性，从而能够更准确地度量核心通货膨胀。而采用 SVAR 模型法度量我国的核心通货膨胀虽然具有理论基础，但同样具有局限性，正如简泽（2005）指出，"采用双变量SVAR 模型度量我国的核心通货膨胀的研究是初步的，有待进一步深化和扩展，特别是在该模型中加入新的变量，以便允许我们将实际冲

---

① 王少平、谭本艳：《中国的核心通货膨胀及其动态调整行为》，《世界经济》2009 年第 8 期。

② 范志勇、张鹏龙：《基于预测视角的中国核心通货膨胀测算：以惯性为权重》，《中国宏观经济分析与预测报告（2010—2011）》。

击进一步细分为更加具体的冲击，从而获得更加丰富的成果"。

第三节 小结

在本章中，我们首先对官方货币决策部门和国内外学术界关于核心通货膨胀的含义进行阐述和分析。提出核心通货膨胀含义形成的主要动因是 CPI 或 PPI 受到食品和能源等商品价格指数易受波动的影响，经常出现大幅度的波动，不能够准确反映通货膨胀长期、稳定的趋势，容易对宏观形势的判断产生误导，因而不是货币决策部门制定政策和调整决策的良好参考经济指标。

Eckstein (1981) 首次正式地定义核心通货膨胀——市场处于长期均衡状态时的通货膨胀率；Quah 和 Vahey (1995) 将核心通货膨胀定义为产出中性的通货膨胀；Romer (1996) 将产出等于自然率产出水平且没有供给冲击时的通货膨胀界定为核心通货膨胀。Bryan & Cecchetti (1994) 和 Blinder (1997) 从预测能力的角度定义核心通货膨胀，认为价格指数变化中与若干年后通货膨胀的预期相一致的成分即为核心通货膨胀。Bryan、Cecchetti 和 Wiggins (1997)、Roger (1998) 等从货币政策的角度定义核心通货膨胀，认为核心通货膨胀反映的是价格指数中与货币变化相关联的长期、持久的成分，因此也称为"中央银行的价格指数"。我国中央银行从官方的角度定义的核心通货膨胀为"剔除暂时性因素影响的潜在通货膨胀，反映价格变动的一般趋势"。尽管上述核心通货膨胀的定义不完全一致，但其内涵是一致的，均认为核心通货膨胀是标题通货膨胀中的长期成分，反映通货膨胀的长期、稳定的趋势，并且是货币决策部门制定政策时关注的主要目标。

本章从使用数据的角度对度量核心通货膨胀的方法进行划分：基

于同期横截面数据的核心通货膨胀度量方法（剔除法、修剪均值法和加权中位数法）、基于时间序列数据的核心通货膨胀度量方法（平滑法、SVAR 模型法和共同趋势法）及基于面板数据的核心通货膨胀度量方法（方差权重法、惯性权重法及动态因子指数法），并对其原理及步骤进行了详细的阐述。本章还对国内外学术界对核心通货膨胀的研究状况进行了简要的概述。

第三章
中国核心通货膨胀的度量

目前，我国国家统计局和中央银行开始高度关注以核心通货膨胀为基础分析我国通货膨胀的变化，并将核心通货膨胀指标作为制定货币政策的重要依据。黄燕（2004）对我国编制核心通货膨胀指标的必要性进行了简要分析。但是，到目前为止，我国的官方统计部门尚未明确编制和公布核心通货膨胀这一经济指标，要从公开的统计资料中直接得到核心通货膨胀率是非常困难的，所以我们不得不通过搜集相关的资料和数据，采用不同的方法度量我国的核心通货膨胀率。

我国公布的 CPI 是将各类商品的价格指数变化经过加权平均后得到的总体价格水平的总量指标，反映了一定时期内我国城乡居民所消费商品和服务的价格变动趋势与程度的相对数，以及一个国家宏观经济运行状况的好坏。2001 年我国调整了 CPI 中的商品分类，并对价格指数的对比基础、分类指数的权重和统计频率等作了重大调整。调整后的 CPI 中包含八大类商品：食品、烟酒及用品、衣着、家庭设备用品及服务、医疗保健及个人用品、交通和通信、娱乐教育文化用品及服务、居住，其中包括 263 个基本分类，大约 700 种商品及服务。CPI 中八大类商品价格指数的波动性具有不同的特征，有些波动较为剧烈，有些则相对平缓，如图 3 - 1 所示：

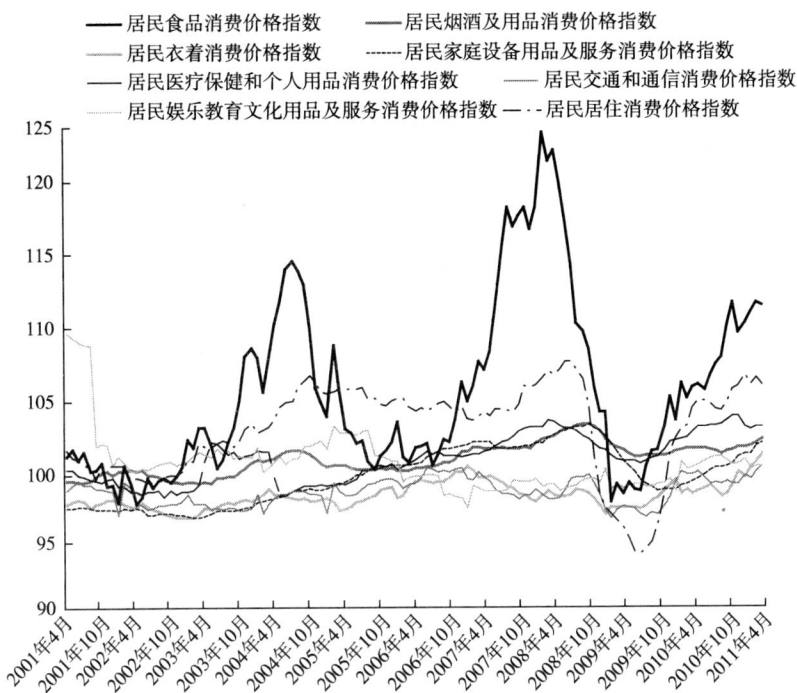

图 3 - 1 八大类商品的消费价格指数（上年 = 100）

数据来源：中经网 http：//db. cei. gov. cn/。

　　为了更明确地了解各分类商品价格指数的特征，我们对样本期内（2001 年 1 月 ~ 2011 年 4 月）的 CPI 中八大类商品价格指数的统计特征进行描述，结果见表 3 - 1。

表 3 - 1 CPI 中八大类商品价格指数的统计特征（2001.1 ~ 2011.4）

分类指数	最大值	最小值	中位数	均值	标准差
食品	123.30 （2008 年 2 月）	96.70 （2001 年 2 月）	103.65	105.49	6.07
烟酒及用品	103.40 （2008 年 9 月、 10 月）	99.40 （2001 年 12 月， 2003 年 3 月、5 月）	101.00	100.98	1.02
衣着	101.40 （2011 年 4 月）	97.10 （2002 年 11 月 ~ 2003 年 2 月）	98.40	98.54	0.84

续表

分类指数	最大值	最小值	中位数	均值	标准差
家庭设备用品及服务	103.4 （2008 年 10 月）	97.1 （2003 年 2 月、3 月）	99.65	99.79	1.90
医疗保健及个人用品	104.00 （2010 年 11 月、12 月）	98.50 （2002 年 9 月）	101.15	101.04	1.52
交通和通信	100.50 （2011 年 4 月）	97.00 （2009 年 2 月）	98.80	98.81	0.89
娱乐教育文化用品及服务	109.60 （2001 年 4 月）	97.70 （2007 年 1 月）	100.6	100.98	2.45
居住	107.70 （2008 年 6 月、7 月）	94.20 （2009 年 7 月）	104.20	103.02	3.13

数据来源：中经网 http://db. cei. gov. cn/。

第一节　基于同期横截面数据度量中国的核心通货膨胀

一　运用剔除法度量中国的核心通货膨胀

剔除法主要是将 CPI 中各类商品价格指数波动性相对较大的成分予以剔除，也就是说，赋予波动性较小的分类价格指数更大的权重。因此，采用该方法度量的核心通货膨胀被认为是通货膨胀普遍或持久成分的具体体现。剔除法具有易于理解性、及时性和透明性，一个国家或地区在设定通货膨胀目标之初主要采用该方法度量核心通货膨胀。如果根据波动性的大小对商品进行剔除，那么必须确定其存在性及其波动性将继续存在的合理含义。

大多数国家将"食品"和"能源"这两种成分从消费价格指数中剔除后计算核心通货膨胀，因此，"剔除食品和能源后的 CPI"已经成为核心通货膨胀的代名词。主要原因有两个：其一是由于食品和能源的价格容易受到供给冲击的影响而产生变动，而这些供给冲击通常仅对价格水平产生暂时或短期影响，对价格水平的长期变化几乎没有影响，因此度量的核心通货膨胀是剔除暂时和短期因素影响后的通货膨胀，反映了价格水平的长期变动趋势。其二是学术界普遍认为中央银行应该把"剔除食品和能源后的 CPI"作为货币政策制定和监控的主要参考指标，这也是度量核心通货膨胀的一个主要原因。尽管食品和能源的价格容易受到供给冲击的短期影响，使得价格水平产生暂时性波动，但在市场均衡力量的作用下，其价格能够快速地自动恢复到正常水平。因此，食品和能源的价格变动不需要通过货币政策进行调整。所以在计算反映通货膨胀长期趋势的核心通货膨胀时应剔除食品和能源成分。目前我国 CPI 一篮子商品中没有公布能源价格指数，从各类商品价格指数的构成来看，能源价格的变化主要体现在交通成本的变化中。

　　CPI 中各类商品价格指数的权重直接影响核心通货膨胀的度量结果，但我国国家统计局没有系统地定期公布 CPI 篮子中各类商品价格指数的权重。中经网统计数据库将八大类商品细分为 32 类，本章所采用的各类商品权重参见张成思（2008）的研究成果。[①]

　　从表 3 - 2 可以看出，交通消费、车用燃料及零配件占"交通和通信"的比例约为 1/2，如果将"交通和通信"整体剔除，则夸大了剔除的范围，影响核心通货膨胀的估计结果。本章将"食品"和"交通和通信"中波动幅度较大的交通消费（波动幅度为 - 3.8% ~ 4.3%）与车用燃料及零配件（波动幅度为 - 13.8% ~ 23.2%）成分予以剔除，然后重新分配剩余各类商品价格指数的权重，从而得到我国的 CPI。结果显示，采用剔除法估计的我国核心 CPI 均值为100.1031，标准差为 0.9449。度量的核心 CPI 同比增长率与 CPI 同比增长率的走势图参见图 3 - 2。

---

　　① 张成思：《中国通胀惯性特征与货币政策启示》，《经济研究》2008 年第 2 期。

表 3 - 2　各类商品价格指数的权重

食品 (33.2%)	粮食（3.6%）	烟酒及用品 (3.9%)	烟草（2.5%）
	肉禽及其制品（8.2%）		酒（1.4%）
	蛋类（0.6%）	家庭设备用 品及服务 (6.0%)	耐用品消费（4.8%）
	水产品（3.4%）		家庭设备（0.5%）
	鲜果（1.7%）		家庭服务及维修服务（0.7%）
	鲜菜（2.9%）	交通和通信 (10.4%)	交通消费（5.3%）
	在外用餐（12.6%）		通信消费（4.9%）
医疗保健和个 人用品 (10.0%)	医疗保健（4.5%）		交通工具（0.2%）
	医疗器具及用品（0.2%）		车用燃料及零配件（0.01%）
	医疗保健服务（0.5%）	娱乐教育文 化用品及服 务(14.2%)	教育（7.9%）
	西药（0.9%）		文娱耐用品消费及服务（3.6%）
	中药材及中成药（0.6%）		旅游及外出（1.5%）
	保健器具及用品（0.1%）		文化娱乐用品（1.1%）
	个人用品及服务（3.1%）	居住 (13.2%)	建房及装修材料消费（5.7%）
衣着 (9.1%)	服装消费（8.5%）		水电燃料消费（6.5%）
	衣着材料消费（0.6%）		租房消费（1.0%）

数据来源：中经网 http：//db. cei. gov. cn/。

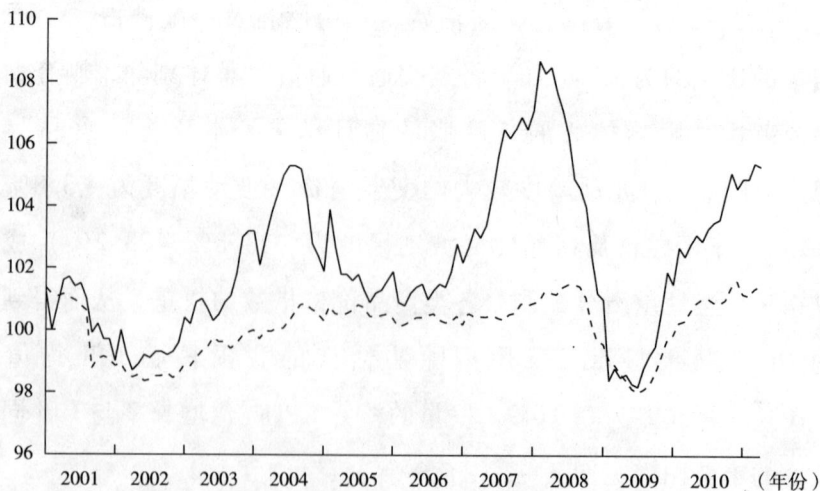

图 3 - 2　剔除法度量的核心 CPI（虚线）与 CPI（实线）走势图

从图 3 - 2 可以看出，采用剔除法度量的核心 CPI 波动幅度明显小于 CPI 的波动幅度，但走势基本一致。从所选取的样本数据来看，食品类价格指数波动范围在 96.7 ~ 123.3 之间，波动幅度最大，而非食品类商品价格指数走势相对平稳，因此将食品类商品剔除后的 CPI 波动幅度明显变小。从我国 CPI 的数据构成来看，CPI 中食品类价格指数的权重占总比重的 1/3 以上，食品类商品的价格变动是 CPI 变动的主要推动力。目前我国粮食价格的上涨与食品类价格的上涨密切相关，而粮食价格的上涨不仅与自然灾害等有关，而且与耕地面积减少及农业生产资料的价格关系密切，粮食价格的持续上涨将增加居民的生活成本，诱发较高的通货膨胀预期，从而可能促进成本推动型通货膨胀的形成。食品类价格指数中可能包含了对预测未来价格变动趋势的有用信息，直接将其剔除可能对货币政策的制定产生误导。剔除法的优点在于计算相对简单和易于理解，但缺点是缺乏相应的理论基础。

二　运用修剪均值法和加权中位数法度量中国的核心通货膨胀

在实际应用中，无论是修剪均值法还是加权中位数法同样使用 CPI 中各类商品的价格指数的权重，本章所使用的各类商品的价格指数的权重参见表 3 - 2。Bryan、Ceccheei 和 Wiggins（1997）假设各类商品的价格指数呈现具有未知均值的对称分布，将各类商品的价格指数增长率按由小到大进行排序，然后进行两侧截尾，最后对剩余成分进行加权平均，得到一个估计值的集合，根据适当的准则选择最优估计值即为核心通货膨胀。采用该方法度量核心通货膨胀的关键问题是修剪值的选择及修剪值的选择是否对称。

本章分别采用对称修剪均值法和非对称修剪均值法度量我国的核心 CPI。根据我国 CPI 数据的特点，以及为了与其他方法度量的核心

CPI 进行比较,首先选取修剪值为 20%、30% 的对称修剪均值法分别度量我国的核心 CPI,度量结果参见图 3-3 和图 3-4。

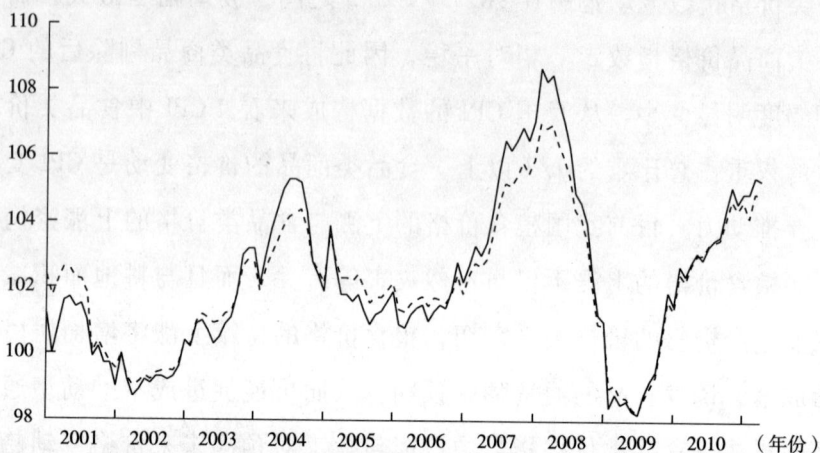

图 3-3 20% 修剪均值度量法的核心 CPI（虚线）与 CPI（实线）走势图

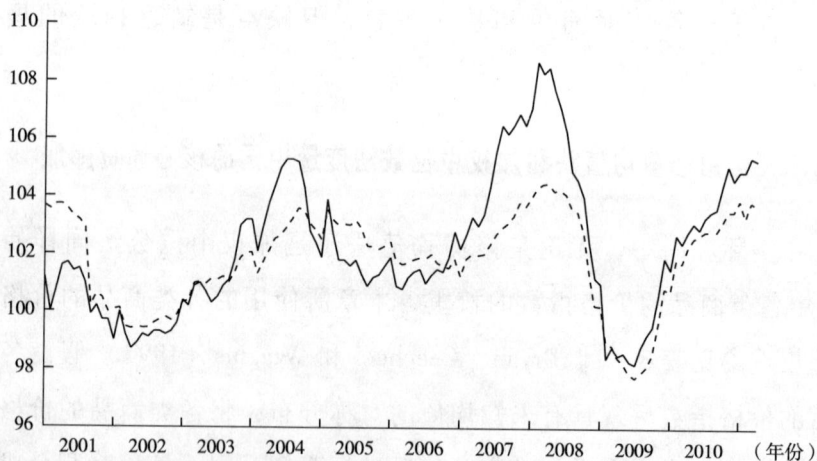

图 3-4 30% 修剪均值度量法的核心 CPI（虚线）与 CPI（实线）走势图

经检验,样本区间内 CPI 的均值为 102.153,标准差为 2.358;采用 20% 的修剪均值法度量的核心 CPI 均值为 102.175,标准差为 2.041;采用 30% 的修剪均值法度量的核心 CPI 均值为 101.840,标准差为 1.658。由图 3-3 和图 3-4 可知,采用上述两种方法度量的核心 CPI 的峰值均低于 CPI 的峰值，并且它们的波动幅度紧跟 CPI 的波动幅度，究其主要原因是由食品类商品价格指数的权重过大造成的。尤其当食品类商品价格指数的波动幅度处于极端值时，修剪值选取20%、30%时食品类商品价格指数的权重仍然较大，但明显看出，修剪值为30%的修剪均值法度量的核心 CPI 的波动性相对较小。

目前，大量文献研究表明各类商品价格指数的变化分布并非正态分布，而是呈现尖峰厚尾的分布特征（Roger，1997，2000；Bryan & Cecchetti，1996；Silver & Ioannidis，1996；Bakhshi & Yates，1999；Heath et al.，2004）。因此，采用对称修剪均值法可能不能够准确地度量我国的核心 CPI。据此，本章根据 RMSE 准则，将两侧修剪值 α 和 β 的取值范围设定为（0，1），按照步长为 0.01 进行逐步搜索，并且在搜索的过程中始终要求 $\alpha + \beta < 1$，以 12 个月的 CPI 移动平均值表示通货膨胀的趋势值，根据 RMSE 值进行筛选，最终得到的最优修剪值为 $\alpha = 0.35$，$\beta = 0.31$。使用该修剪值估计的核心 CPI 同比增长率的趋势图如图 3 - 5 所示。

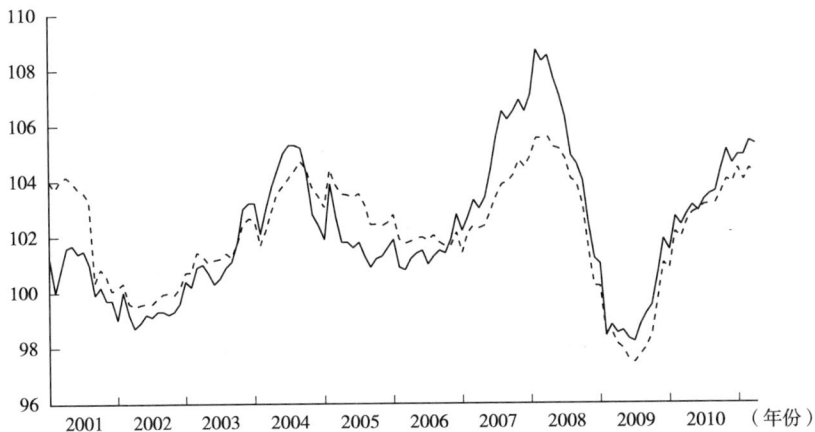

图 3 - 5 非对称修剪均值法度量的核心 CPI（虚线）与 CPI（实线）走势图

经计算，采用非对称修剪均值法估计的我国核心 CPI 的均值为

102.202，标准差为 1.566。

加权中位数法是修剪均值法的一个特例，即当修剪值取值为50%时，得到的核心通货膨胀即为加权中位数核心通货膨胀。主要思想是：首先将构成 CPI 篮子中各类商品价格指数的波动幅度按由小到大进行排序，并计算各类商品的累积权重，当累积权重等于或大于50%时，对应的商品价格指数即为核心通货膨胀。尤其当价格变动分布不是正态分布时，加权中位数法的估计是更加有效的估计。采用该方法度量的核心 CPI 与 CPI 的走势图见图 3 - 6。

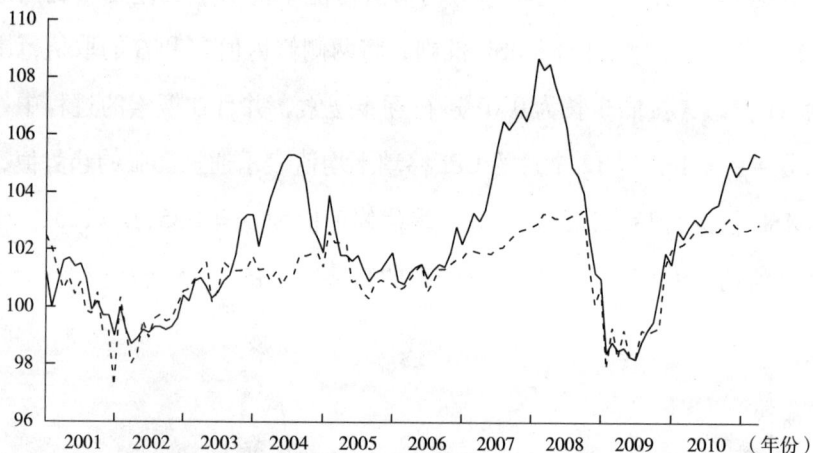

图 3 - 6　加权中位数法度量的核心 CPI（虚线）与 CPI（实线）走势图

采用加权中位数法度量的我国核心 CPI 的均值为 101.18，标准差为 1.376。

由图 3 - 6 可以看出，采用加权中位数度量的核心 CPI 序列更加平稳，核心 CPI 应该具有与 CPI 基本一致的波峰、波谷及波动频率，因此，波动性基本一致。

第二节　基于时间序列数据度量中国的核心通货膨胀

一　运用指数平滑法度量中国的核心通货膨胀

指数平滑法（Cogley，2002）是平滑法中较为有效的方法之一，是一种能够捕捉到通货膨胀的长期趋势的主要方法，而这种长期趋势是由中央银行的决策引起的。指数平滑法主要测量通货膨胀均值的变化，通货膨胀的均值是根据常数增益进行更新的。该方法采用如下式子度量核心通货膨胀：

$$\pi_t^{core} = \frac{m}{1 - (1 - m)L}\pi_t = m\sum_{i=0}^{\infty}(1 - m)^i\pi_{t-i}$$

采用指数平滑法估计核心通货膨胀的关键是 m 值的选取，Cogley（2002）的研究表明该参数的取值在 0.075～0.2 之间时对结果没有显著的影响。我们借鉴 Cogley（2002）的研究结果，将该参数取值为 0.125。估计的核心 CPI 与 CPI 的走势图如图 3-7 所示。

采用指数平滑法度量的我国核心 CPI 的均值为 102.02，标准差为 1.638。但由图 3-7 可知，核心 CPI 相对 CPI 具有明显的滞后性，没有能够及时反映价格水平的变动情况。

二　运用 SVAR 模型度量中国的核心通货膨胀

假设我国经济中存在两类互不相关的冲击：需求冲击 ε_{1t} 和供给冲击 ε_{2t}。需求冲击主要包括货币供给、自发投资及政府支出等影响因素，对产出只产生暂时影响。供给冲击主要反映了由知识积累、技术进步等引起生产率的永久提高的影响因素，能够对产出产生持久影

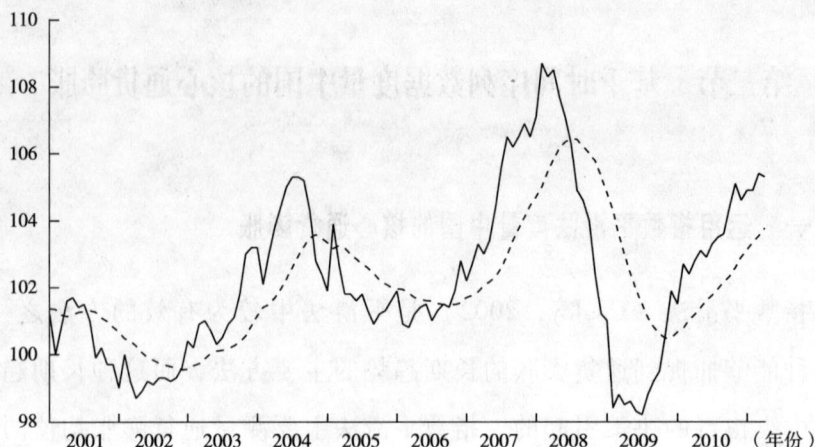

图 3 - 7   指数平滑法度量的核心 CPI（虚线）与 CPI（实线）走势图

响。根据第二章介绍的两个变量 SVAR 模型度量核心通货膨胀的原理度量我国的核心 CPI，具体计算过程如下：

第一步：使用 Eviews 6.0 软件对工业企业增加值同比增长速率进行季节调整，对调整后的序列 y_t 和 CPI 同比增长率 π_t 进行 Augmented Dickey - Fuller（简称 ADF）单位根检验，该检验的原假设为被检验序列存在单位根。结果表明，序列 y_t 在 10% 水平下拒绝存在单位根的原假设，因此 y_t 为平稳序列，而序列 π_t 在 10% 水平下不能拒绝原假设，进一步对序列 π_t 进行一阶差分得到序列 $\Delta\pi_t$，经检验，$\Delta\pi_t$ 在 10% 水平下拒绝存在单位根的原假设，因此 $\Delta\pi_t$ 为平稳序列。两个变量之间不存在协整关系，因此建立包含 y_t 和 $\Delta\pi_t$ 的两个变量 SVAR 模型。

第二步：以 SIC 为准则函数进行模型选择，确定 1 阶的简化式 VAR 模型 $X_t = A + BX_{t-1} + e_t$，具体结果参见表 3 - 3。

表 3 - 3   简化式 VAR 模型估计的结果

X_t	A	B	
y_t	3.0162 (4.57)	0.7963 (18.41)	1.3507 (5.97)
$\Delta\pi_t$	- 0.4969 (- 1.91)	0.0356 (2.08)	0.1727 (1.94)

第三步：在简化式模型估计结果的基础上通过施加长期约束 $S_{11}(L) = 0$ 进一步估计 SVAR 模型，得到如下结果：

$$S(0) = \begin{pmatrix} 0.9703 & 1.3806 \\ -0.5943 & 0.2974 \end{pmatrix}$$

第四步：根据 $S^{(k+1)} = B \times S^{(k)}$，$(k = 0,1,2,\cdots)$，计算得到 $S^{(k)}$（$k = 1,2,\cdots$），然后通过 $S(0)\varepsilon_t = e_t$ 计算出 ε_t，根据 $\pi_t^{core} = \bar{\pi}_t + S_{22}(L)\varepsilon_{2t}$ 计算得到核心 CPI，其中 $\bar{\pi}_t$ 是简化式 VAR 模型 $(I - B)^{-1}A$ 中的第一项，即 π_t 的均值。

采用两个变量的 SVAR 模型度量的我国核心 CPI 同比增长率的走势图如图 3 - 8 所示。

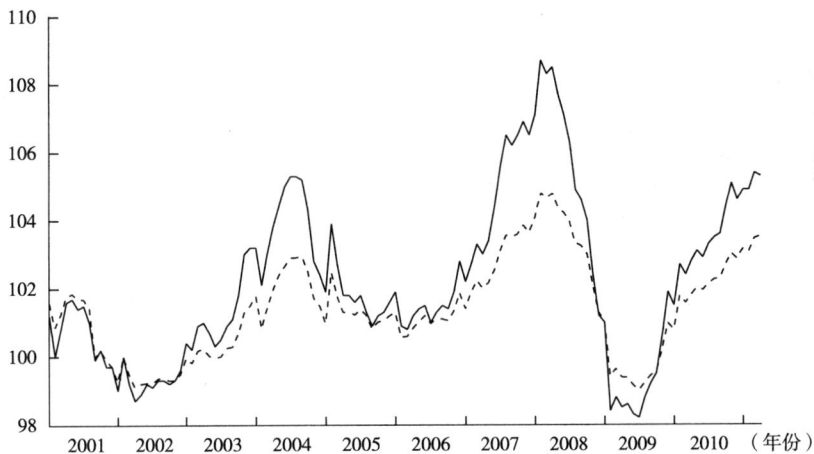

图 3 - 8 SVAR 模型度量的核心 CPI（虚线）与 CPI（实线）走势图

采用 SVAR 模型度量的我国核心 CPI 的均值为 101.55，标准差为 1.722。从图 3 - 8 可以看出，核心 CPI 与 CPI 的走势呈现出基本一致的波峰、波谷及波动频率，核心 CPI 的波动幅度小于 CPI 的波动幅度。

三 运用共同趋势模型度量中国的核心通货膨胀

共同趋势模型法综合考虑了不同因素对通货膨胀的影响，是对现实经济环境的一种抽象，根据该方法得到的核心通货膨胀序列可以解释为对物价水平的长期预测（Bagliano & Mornan，2003）。采用 SVAR 模型度量核心 CPI 所选取的变量之间必须不存在协整关系，如果模型中增加新的变量，必须考虑变量之间存在协整关系的可能性。本章建立包括居民消费价格指数（CPI）、国内生产总值（GDP）和货币供给量（M2）的共同趋势模型，考虑到我国的经济变化与国际经济的变化之间的联系越来越紧密，因此在模型中加入原油期货价格（纽约能源市场的月平均值），用 Oil 表示，采用工业企业增加值同比增长率代替 GDP 月度增长率，并对其进行季节调整，调整后的序列为 y_t。设 n 维时间序列 $\{X_t\}$ 中包含 k 个随机共同趋势：

$$X_t = X_0 + \Pi\rho_t + \Pi^*(L)\varphi_t \tag{3-1}$$

其中 $X_t = (\Delta Oil_t, y_t, M2_t, \Delta CPI_t)$（单位根检验参见表 3-4），$L$ 是滞后算子，$\Pi^*(L)\varphi_t$ 是联合平稳的，$\Pi\rho_t$ 表示 X_t 的趋势部分，Π 是秩为 k 的 $(n \times k)$ 矩阵，ρ_t 是一个随机游走的 k 维向量：

$$\rho_t = \eta + \rho_{t-1} + \psi_t \tag{3-2}$$

ψ_t 为白噪声序列，X_t 的趋势向量和平稳参差向量可以表示为：

$$X_t^T = \Pi(\rho_0 + \mu + \sum_{i=1}^{t} \psi_i)$$

$$X_t^R = X_0 + \Pi^*(L)\varphi_t$$

对 4 个时间序列进行平稳性检验，检验结果见表 3-4：

表 3 - 4 ADF 单位根检验结果

序 列	CPI	M2	y_t	Oil
ADF 统计量	- 1. 8673	- 3. 1394	- 2. 733	- 3. 8120
接 受 概 率	0. 3467	0. 0263	0. 0471	- 0. 602

表 3 - 4 的结果显示，在 10% 水平下序列 y_t 和 $M2_t$ 拒绝存在单位根的原假设，则 y_t 和 $M2_t$ 为平稳序列。在 10% 水平下 CPI 序列和 Oil 序列均不能拒绝存在单位根的原假设，将这两个序列进行一阶差分后得到 ΔCPI_t 和 ΔOil_t，经检验，ΔCPI_t 和 ΔOil_t 在 10% 水平下拒绝存在单位根的原假设，即为平稳序列。

采用 Johansen 协整检验法检验变量之间是否存在协整关系，协整关系检验结果参见表 3 - 5：

表 3 - 5 协整检验结果

协整假设	特征值	迹统计量	临界值	接受概率
0	0. 1291	35. 5123	29. 7901	0. 000
1	0. 1141	19. 0599	15. 4947	0. 278
2	0. 0386	4. 6373	3. 8414	0. 353
3	0. 0000	0. 0481	3. 1320	0. 923

迹统计量的结果显示变量之间存在唯一一个协整关系，对应的协整向量为 $\alpha' = (1, -5.98, 5.35, -1.56)$，因此，在构建的模型中包含 3 个共同的随机趋势，设这 3 个随机趋势分别为外部趋势 κ_1、实际趋势 κ_2 及名义趋势 κ_3，令 $\kappa = (\kappa_1, \kappa_2, \kappa_3)'$，$\Pi$ 是 (4×3) 矩阵。在模型估计过程中需要施加长期约束：根据自然率假说，长期中货币是中性的，对产出没有影响；普遍认为外部因素即原油期货价格不受国内因素的影响，根据 Warne（1993）的估计方法我们得到：

$$\Pi = \begin{pmatrix} 0.0745 & 0.0000 & 0.0000 \\ 0.0128 & 0.0053 & 0.0000 \\ -0.0009 & 0.0061 & 0.0016 \\ 0.0012 & -0.0024 & 0.0059 \end{pmatrix}$$

$$\mu = (0.1712, 0.20157, 0.8132)'$$

最后得到我国核心 CPI 同比增长率的趋势图如图 3-9 所示：

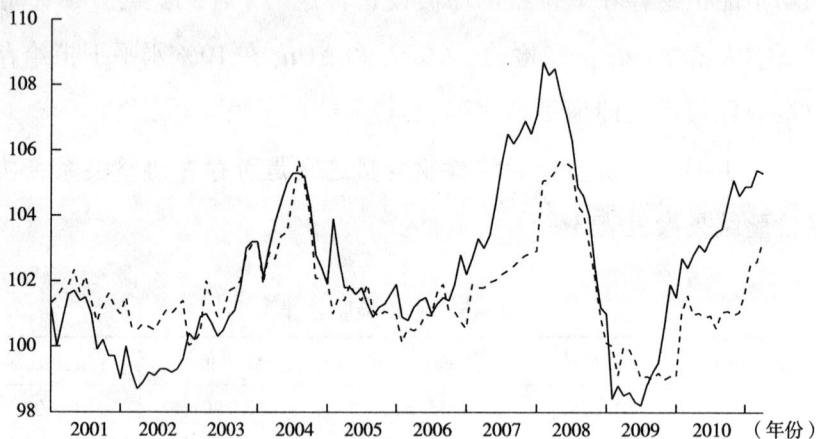

图 3-9　共同趋势模型法度量的核心 CPI（虚线）与 CPI（实线）走势图

采用共同趋势模型估计的我国核心 CPI 的均值为 101.302，标准差为 1.592。

第三节　基于面板数据度量中国的核心通货膨胀

基于面板数据度量核心通货膨胀的方法主要是使用 CPI 中各类商品价格指数的时间序列数据，该方法主要包括方差权重法（Dow，1994；Diewert，1998）、惯性权重法（Blinder，1997）及动态因子指数模型法（Bryan & Cecchetti，1993）。采用剔除法和修剪均值法度量核心通货膨胀时直接剔除了价格波动幅度较大的商品成分，因此会丢失包含在这些成分中的有用信息。而采用方差权重法和惯性权重法度量核心通货膨胀时没有直接剔除 CPI 中的任何成分，只是对价格指数波动幅度较大的商品赋予较小的权重，因此不会丢失 CPI 中的任何有用信息。

一　运用方差权重法度量中国的核心通货膨胀

核心通货膨胀的普遍含义是，从通货膨胀中剔除价格波动幅度较大的商品后，将剩余的商品价格指数进行加权平均得到的价格指数，而波动幅度大小与方差大小存在反比的关系。根据第二章介绍的方差权重法，本章选取 $\kappa = 36$ 估计我国的核心 CPI，估计得到核心 CPI 的同比增长率的趋势图如图 3 – 10 所示：

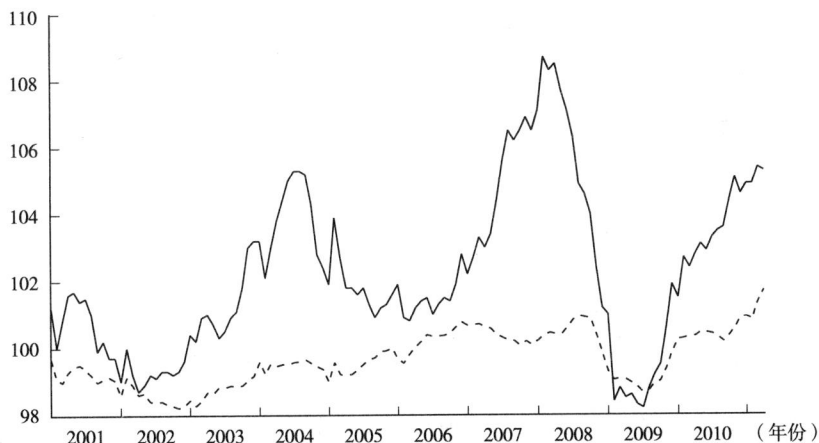

图 3 – 10　方差权重法度量的核心 CPI（虚线）与 CPI（实线）走势图

采用方差权重法估计的我国核心 CPI 的均值为 99.654，标准差为 0.789。从图 3 – 10 可知，度量的核心 CPI 基本满足核心 CPI 的特征。

二 运用惯性权重法度量中国的核心通货膨胀

本章采用惯性权重法估计核心通货膨胀时采用的回归模型形式与 Culter（2001）所采用的方程形式有所不同，本章使用 AR 模型中滞后项的系数之和表示各分类商品价格指数的惯性，将模型设如下形式：

$$\pi_{i,t} = \alpha_i + \rho(L)\pi_{i,t-1} + \varepsilon_{i,t} \tag{3-3}$$

其中 $\pi_{i,t}$ 表示第 i 类商品的价格指数，α_i 是常数项，$\varepsilon_{i,t}$ 表示随机扰动项，$\rho(L) = \rho_1 + \rho_2 L + \cdots + \rho_n L^{n-1}$ 是滞后算子多项式，且 $\rho(1) = \rho_1 + \rho_2 + \cdots + \rho_n$ 为第 n 类商品价格指数的惯性指标。由于在动态模型中，滞后项之间可能存在共线性，因此，如果采用最小二乘法直接估计（3-3）式，估计的滞后项系数的标准差将不准确，从而影响进一步的统计推断。因此将（3-3）式改写为如下形式：

$$\pi_{i,t} = \alpha_i + \rho_i \pi_{i,t-1} + \sum_{k=1}^{n-1} \beta_k \Delta\pi_{i,t-k} + \varepsilon_{i,t} \tag{3-4}$$

其中 $\Delta\pi_{i,t-k} = \pi_{i,t-k} - \pi_{i,t-k-1}$，将该式展开、合并同类项后与（3-3）式的形式完全相同。（3-4）式解决了（3-3）式中存在的共线性问题，得到较为准确的惯性系数的估计值和标准差。模型中滞后期数直接影响惯性系数的估计值，本章采用 SIC 准则来确定最优滞后期数，采用其他信息准则（如 BIC）选取的结果与 SIC 一致。估计（3-4）式的结果参见表 3-6：

表 3 - 6　各类商品价格指数同比增长率惯性系数

价格指数分类	ρ	标准差
CPI	0.903	0.031
食品	0.908	0.031
烟酒及用品	0.975	0.015
衣着	0.945	0.039
家庭设备用品及服务	0.989	0.008
医疗保健及个人用品	0.940	0.032
交通和通信	0.868	0.066
娱乐教育文化用品及服务	0.679	0.047
居住	0.931	0.021

在度量核心通货膨胀过程中将第 i 类商品价格指数的惯性权重定义如下：

$$w_i = \frac{\rho_i}{\sum_{i=1}^{8} \rho_i}$$

使用该权重对各类商品的价格指数进行加权平均得到核心通货膨胀。从表 3 - 6 可以看出，"家庭设备用品及服务"类价格指数的惯性最大，达到 0.989，而惯性依次降低的商品类分别为"烟酒及用品"、"衣着"、"医疗保健及个人用品"、"居住"、"食品"、"交通和通信"及"娱乐教育文化用品及服务"，这说明 CPI 中各类商品的价格指数在受到冲击影响以后，反应持续的时间有所不同，其中"家庭设备用品及服务"、"烟酒及用品"及"衣着"类价格指数受到随机干扰因素冲击的影响后持续的时间最长，而"食品"、"交通和通信"及"娱乐教育文化用品及服务"类价格指数持续的时间相对较短。总体上来看，在 CPI 中权重最大的"食品"类属于惯性较小的分类，而 CPI 的惯性介于各类商品价格指数惯性的最大值和最小值之间。采用惯性权重法估计的我国核心 CPI 与 CPI 走势图如图 3 - 11 所示：

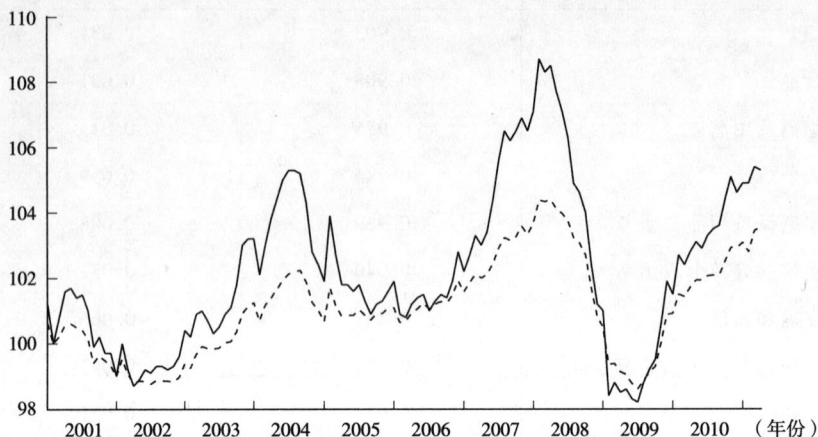

图 3 - 11　惯性权重法度量的核心 CPI（虚线）与 CPI（实线）走势图

采用惯性权重法估计的我国核心 CPI 的均值为 101.079，标准差为 1.587。

第四节　基于贝叶斯状态空间模型估计中国的核心通货膨胀

统计计算是计算技术在统计学中的应用，并且是现代统计学最前沿的研究领域。在理论与应用方面，已经成为一种普遍使用的统计工具。在统计分析过程中经常遇到如下困难：参数的联合分布形式比较复杂而无法通过解析式进行高维积分计算得到边际分布的均值误差等，如果能够得到联合分布的大量样本，就可以直接通过样本得到边际分布的均值方差等统计量。统计方法中一个重要的研究领域是根据已知概率分布通过计算机模拟生成大量的随机样本，然后根据生成的样本对分布的各种性质进行推断，该方法被称为蒙特卡洛（Monte Carlo）法，生成的样本称为蒙特卡洛样本。在某些特殊情况下，如果已知分布形式过于复杂而无法直接生成样本，但是可以根据条件分布间接地生成样本，并且生成的随机样本之间不是彼此独立的，而是每生成一个新样本都与前一个样本有关，在遍历性条件下，这些样本可以看作是彼此独立的，当作独立样本使用，由于该方法是基于马尔科夫链（Markov Chains）的基本性质，因此称为马尔科夫链蒙特卡洛方法（简称 MCMC 方法）。吉伯斯样本生成器（Gibbs Sampler，简称 GS）是最具代表性也是最常使用的 MCMC 方法之一，是由 Geman（1984）提出和发展的，目前在计量经济分析中已经得到广泛的应用，已成为统计分析中经常使用的计量工具。如核密度估计中带宽的选择（Zhang 等人，2004）、统计推断、计量模型的参数估计（de Pooter 等人，2006）及时间序列模型的选择（Qian & Zhao，2007；赵昕东，2008）等。

贝叶斯分析是由 18 世纪英国学者贝叶斯首先提出来的，20 世纪 70 年代后得以迅速发展。贝叶斯估计的后验分布函数形式往往相当复杂，MCMC 方法的出现解决了贝叶斯分析中的高维计算问题，极大地扩展了贝叶斯方法的应用领域。与传统估计方法不同，贝叶斯估计方法将所有的参数当作随机变量处理。

状态空间模型（State Space Model）由 Harvey（1981）提出，它是用于揭示动态系统中不可观测成分的动态特征的模型，许多时间序列模型均可以改写为状态空间模型的形式，因此常被用于估计不可观测的时间变量。

到目前为止，作为度量核心通货膨胀的一种主要方法，状态空间模型在应用上仍存在两点不足。首先，状态空间的传统估计方法是基于卡尔曼滤波的最大似然估计法，但是，这种估计方法存在一个明显的缺陷，即状态变量的估计依赖于其他参数。具体来讲，首先得到未知参数的最大似然估计值，然后假定这些参数是非随机的，也就是假定它们的最大似然估计值就是它们的真实值，然而，这与状态空间模型的假设条件相违背。其次，研究者没有考虑货币因素对核心通货膨胀的影响，因此估计的核心通货膨胀缺少经济意义。

为克服采用状态空间模型估计核心通货膨胀的缺陷，一方面，本章采取贝叶斯方法估计核心通货膨胀，贝叶斯方法是将所有参数当作随机变量处理。研究者首先需要根据自己对参数的认识对其分布作出判断，此时参数的分布称为先验分布，体现了研究者的主观认识。在得到样本观测值后，研究者根据观测值提供的信息利用贝叶斯原理修正先验分布。与传统的基于卡尔曼滤波的最大似然估计不同，对状态变量的推断是根据状态变量和超参数的联合分布，而不是条件分布，因此提高了估计的准确性。另一方面，本章在状态空间模型中将货币供给与核心通货膨胀联系起来，将核心通货膨胀看作是由货币供给引起的通货膨胀中的那个硬核（Hard Core）。

赵昕东、耿鹏（2009）验证了贝叶斯 Gibbs Sampler（简称 BGS）方法在估计状态空间模型时的准确性，并且通过实验比较验证了 BGS方法比卡尔曼滤波的估计结果更为准确。[①]

一　贝叶斯方法和 MCMC 方法

贝叶斯理论源于 1973 年英国学者贝叶斯在《皇家学会学报》上发表的论文，从二项式分布的观测值出发对参数进行概率推论，提出了贝叶斯定理及贝叶斯假设法，并推广到其他的统计分布中。贝叶斯定理（张尧庭，1991）表述如下：

假设样本 $Y = (y_1, y_2, \cdots, y_n)$ 对参数集 θ 的条件密度函数是 $f(Y \mid \theta)$，θ 对 $Y = (y_1, y_2, \cdots, y_n)$ 的后验分布函数是 $p(\theta \mid Y)$，参数的先验

---

① 赵昕东、耿鹏：《基于 Bayesian Gibbs Sampler 的状态空间模型估计方法研究及其在中国潜在产出估计上的应用》，《统计研究》2009 年第 9 期。

分布为 $g(\theta)$，贝叶斯公式可以表示为：

$$p(\theta \mid Y) = \frac{g(\theta)f(Y \mid \theta)}{\int g(\theta)f(Y \mid \theta)\,\mathrm{d}\theta}$$

对于确定的样本值而言，$Y = (y_1, y_2, \cdots, y_n)$ 是常数，θ 是变量，因此取为似然函数 $L(\theta \mid Y)$，而分母 $\int g(\theta)f(Y \mid \theta)\,\mathrm{d}\theta$ 是与 θ 无关的常数，因此贝叶斯公式简化为：

$$p(\theta \mid Y) \propto g(\theta)L(\theta \mid Y)$$

贝叶斯推断的步骤如下：

（1）将未知参数看作随机变量，当 θ 已知时，θ 与样本 $Y = (y_1, y_2, \cdots, y_n)$ 的联合分布函数可以看作 Y 对 θ 的条件密度，记为 $f(Y \mid \theta)$。

（2）根据对参数 θ 的认识确定其先验分布 $g(\theta)$。

（3）利用条件分布密度 $f(Y \mid \theta)$ 和先验分布 $g(\theta)$，求出样本 Y 与 θ 的联合分布和样本 Y 的分布，然后根据贝叶斯公式计算后验分布密度 $p(\theta \mid Y)$。

（4）根据后验分布密度 $p(\theta \mid Y)$ 对参数 θ 进行推断（估计或检验）。

先验分布假设是贝叶斯研究的主要问题之一，也是进行贝叶斯推论的理论基础和出发点。目前，先验分布的确定方法主要有：贝叶斯假设（均匀分布）、共轭分布、杰弗莱（Jeffreys）原则、最大熵原则、蒙特卡洛法、Bootstrap 法等（茆诗松，1999）。

自贝叶斯估计方法被提出后，通常需要对后验分布密度进行高维概率分布积分计算，进而对总体参数进行推断和预测，但高维积分运算是很困难的，尤其当维数较大时，很难通过逐步计算得到确切的表达式，由于受到估计方法的限制，贝叶斯法未得到广泛的应用。一些学者提出了数值与解析近似法以解决参数后验分布密度和后验分布的计算问题，如 Naylor – Smith 逼近法、Lindley 数值逼近法、Tierney – Kadane逼近法等，而要实现这些方法，需要依赖于复杂的数值和解析近似技术及相关软件。

近年来，随着统计计算技术尤其是 MCMC 方法的出现和发展，不仅解决了贝叶斯分析中复杂的高维积分运算问题，提高了贝叶斯估计的效率，而且使得贝叶斯推断理论和方法再次得到更广泛的应用。MCMC 方法可以将复杂的高维问题转化为一个序列简单的低维问题，并且不要求参数的后验分布与似然函数具有相同的分布形式。MCMC 方法的基本思想是：通过建立一个具有平稳分布的马尔科夫链得到满足分布的大量样本，然后根据这些生成的样本进行各种统计推断。目前，MCMC 方法中应用最广泛的有两种：Metropolis – Hastings 方法，简称 M – H 法（Hastings，1970）和 Gibbs Sampler 方法。本章采用 Gibbs Sampler 方法进行研究，所以，在此对 M – H 法不进行详细的介绍。

Gibbs Sampler 法最初被用于神经网络、人工智能等复杂数据的分析，之后 Gelfand 和 Smith（1990）将其应用到贝叶斯理论和推断的研究中。它的优点是能够将多元分布的蒙特卡洛计算转化成一元蒙特卡洛计算，克服了直接通过多元分布生成样本带来的困难。Gibbs Sampler 的具体算法如下：设 f 为 k 维随机变量 $X = (X_1, X_2, \cdots, X_k)$ 的联合分布，$X_1, X_2, \cdots, X_k$ 的条件分布分别是 $f_1, f_2, \cdots, f_k$。Gibbs Sampler 是在给定 $x^{(t-1)} = [x_1^{(t-1)}, x_2^{(t-1)}, \cdots, x_k^{(t-1)}]$ 下，根据以下条件分布生成随机样本 $x^{(t)} = [x_1^{(t)}, x_2^{(t)}, \cdots, x_k^{(t)}]$ 的方法：

$$X_1^{(t)} \sim f_1 \left[x_1 \mid x_2^{(t-1)}, \cdots, x_k^{(t-1)} \right]$$

$$X_2^{(t)} \sim f_2 \left[x_2 \mid x_1^{(t)}, x_3^{(t-1)}, \cdots, x_k^{(t-1)} \right]$$

$$\vdots$$

$$X_i^{(t)} \sim f_i \left[x_i \mid x_1^{(t)}, \cdots, x_{i-1}^{(t-1)}, x_{i+1}^{(t-1)}, \cdots, x_k^{(t-1)} \right]$$

$$\vdots$$

$$X_k^{(t)} \sim f_k \left[x_k \mid x_1^{(t)}, \cdots, x_{k-1}^{(t)} \right]$$

二　状态空间模型的估计——卡尔曼滤波估计与贝叶斯分析

经济理论研究中通常存在不可观测的变量，如持久收入、预期通货膨胀率和真实利率等，而许多时间序列模型都可以改写为状态空间模型，因此，状态空间模型得到广泛的应用。例如，Burmeister、Wall 和 Hamilton（1986）估计了预期通货膨胀率；[①] Kim 和 Nelson（1989）估计了变参数货币反应函数；[②] Garnier 和 Wilhelmsen（2005）估计了自然利率与潜在产出；[③] Harvey（2008）估计了核心通货膨胀率和产出缺口。[④] 国内学者赵留彦（2006）建立状态空间模型应用卡尔曼滤波对中国的核心通货膨胀和产出缺口进行了估计。

状态空间模型的一般形式如下：

$$\text{测量方程：} y_t = H\beta_t + Az_t + v_t \tag{3-5}$$

[①] Burmeister, E., Wall, K. D. and Hamilton, J. D. "Estimation of Unobserved Rational Expected Monthly Inflation Using Kalman Filtering". *Journal of Business and Economic Statistics*, 1986 (4), 147-610.

[②] Kim, C. and Nelson, C. R. *State Space Models with Regime Switching Classical and Gibbs Sampling Approaches with Applications*, Chapter 8, The MIT Press, 1999.

[③] Garnier, J. and Wilhelmsen, B. "The Natural Real Interest Rate and the Output Gap in the Euro Area: A Joint Estimation". *European Central Bank Working Paper Series*, No. 546, 2005.

[④] Harvey, A. C. "Modeling the Phillips Curve with Unobserved Components". Faculty of Economics, Cambridge University Working Paper, 2008.

状态方程：$\beta_t = \tilde{\mu} + F\beta_{t-1} + e_t$ (3 – 6)

其中 y_t 是 $t(t = 1,2,\cdots,T)$ 时刻观测到的 $(n \times 1)$ 维向量，β_t 是不可观测 $(k \times 1)$ 维状态向量，H 是连接不可观测状态向量 β_t 和可观测变量 y_t 的 $(k \times n)$ 维向量，z_t 是 $(r \times 1)$ 维外生变量，$v_t \sim i.i.d. N(0,Q)$，$e_t \sim i.i.d. N(0,R)$，$\tilde{\mu}$、v_t、e_t 均为 $(k \times 1)$ 维，$E(v_t e'_t) = 0$。

状态空间模型的传统估计方法是基于卡尔曼滤波的最大似然估计，但 Kim 和 Nelson（1999）指出该估计方法存在一个明显的不足，即状态变量 $\tilde{\beta}_T = [\beta_1,\beta_2,\cdots,\beta_T]'$ 的估计依赖于超参数 $\Omega = [H, A,\tilde{\mu},F,Q,R]$。具体来说，首先需要得到未知超参数 Ω 的最大似然估计值，然后假设这些参数是非随机的，即假设它们的最大似然估计量值就是它们的真实值。这明显与状态空间模型的基本假设条件相违背。

与卡尔曼滤波估计方法截然不同，贝叶斯估计方法将所有参数看作随机变量，即将状态变量 $\tilde{\beta}_T$ 和超参数 Ω 都当作随机变量处理。首先根据对参数的认识判断其分布，并将其分布称为先验分布，这体现了研究者的主观认识。在获得样本观测之后，依据样本观测值利用贝叶斯原理修正先验分布。基于卡尔曼滤波的最大似然估计对状态变量 $\tilde{\beta}_T$ 的推断是根据超参数 Ω 和 $\tilde{\beta}_T$ 的条件分布，而贝叶斯估计对状态变量 $\tilde{\beta}_T$ 的推断是根据超参数 Ω 和 $\tilde{\beta}_T$ 的联合分布。采用贝叶斯方法估计状态空间模型的原理如下：

假定样本观测值为 Y，状态向量和超参数的先验分布为 $g(\tilde{\beta}_t,\Omega)$，给定参数状态向量 $\tilde{\beta}_t$ 和超参数 Ω 条件下 Y 的条件分布为 $f(Y \mid \tilde{\beta}_t,\Omega)$，观测值 Y 的边际分布是 $f(Y)$，给定观测值后参数 $\tilde{\beta}_t,\Omega$ 的后

验分布为 $p(\tilde{\beta}_t, \Omega \mid Y)$ 。因此参数和观测值的联合分布 $h(\tilde{\beta}_t, \Omega, Y)$ 可以表示为：

$$h(\tilde{\beta}_t, \Omega, Y) = f(Y \mid \tilde{\beta}_t, \Omega) g(\tilde{\beta}_t, \Omega) = p(\tilde{\beta}_t, \Omega \mid Y) f(Y)$$

贝叶斯定理表述如下：

$$p(\tilde{\beta}_t, \Omega \mid Y) = \frac{f(Y \mid \tilde{\beta}_t, \Omega) g(\tilde{\beta}_t, \Omega)}{f(Y)}$$

由于 $f(Y)$ 没有实际作用，因此有

$$p(\tilde{\beta}_t, \Omega \mid Y) \propto f(Y \mid \tilde{\beta}_t, \Omega) g(\tilde{\beta}_t, \Omega) \qquad (3-7)$$

由于似然函数 $L(\tilde{\beta}_t, \Omega \mid Y)$ 等价于条件分布 $f(Y \mid \tilde{\beta}_t, \Omega)$ ，所以 $(3-7)$ 式等价为：

$$p(\tilde{\beta}_t, \Omega \mid Y) \propto L(\tilde{\beta}_t, \Omega \mid Y) g(\tilde{\beta}_t, \Omega) \qquad (3-8)$$

从 $(3-8)$ 式中可以看出，状态向量 $\tilde{\beta}_t$ 和超参数 Ω 的后验分布取决于似然函数和先验分布，似然函数体现了数据的客观性，而先验分布体现了研究者的主观性，与只包含客观信息的最大似然估计相比增加了主观判断。

贝叶斯估计的思想是通过后验分布对状态向量 $\tilde{\beta}_t$ 和超参数 Ω 进行统计推断，但在大多数情况下后验分布的表达式非常复杂，无法获得 $\tilde{\beta}_t$ 和 Ω 的边际分布，或者即使得到它们的后验分布也无法计算它们的均值及方差等统计量。而 GS 算法能够解决这个困难，可以通过 $\tilde{\beta}_t$ 和 Ω 的后验条件分布 $p(\tilde{\beta}_t \mid \Omega, Y)$ 和 $p(\Omega \mid \tilde{\beta}_t, Y)$ 直接生成 $\tilde{\beta}_t$ 和 Ω 的样本，只要样本数量足够多，就能够获得 $\tilde{\beta}_t$ 和 Ω 的均值及方差等统计量。将 $\tilde{\beta}_t$ 和 Ω 的后验条件分布表示为似然函数与先验分布的乘积：$p(\tilde{\beta}_t \mid \Omega, Y) = L(\tilde{\beta}_t \mid \Omega, Y) g(\tilde{\beta}_t)$ ，$p(\Omega \mid \tilde{\beta}_t, Y) = L(\Omega \mid \tilde{\beta}_t,$

$Y)g(\Omega)$，其中 $g(\tilde{\beta}_t)$ 和 $g(\Omega)$ 分别为 $\tilde{\beta}_t$ 和 Ω 的先验分布。

贝叶斯 Gibbs Sampler 方法估计状态空间模型的步骤可以概括为如下两步：

第一步：利用状态空间模型的样本观测值 Y 和超参数 Ω 得到状态向量 $\tilde{\beta}_t$ ($t = 1, 2, \cdots, T$)，即生成 $\tilde{\beta}_t^{(i)} \mid \Omega^{(i-1)}, Y$ 的样本。

第二步：利用状态空间模型的样本观测值 Y 和状态向量 $\tilde{\beta}_t$ 得到超参数 Ω 的样本，即生成 $\Omega^{(i)} \mid \tilde{\beta}_t^{(i)}, Y$。

重复以上两步，直至收敛。

三　我国核心 CPI 的估计——基于 BGS 状态空间模型

根据 Bryan 和 Ceccheti（1994）的表述，核心通货膨胀是持续时期较长的价格变动成分。因此通货膨胀中的持久成分主要是由货币供给增加引起的，即通货膨胀率是由货币存量增长率高于对其需求的增长率所决定的，而通货膨胀率相对货币供给增长率的提高具有时滞性。所以根据上述经济理论，建立如下的状态空间模型：

$$\pi_t = \pi_t^c + \pi_t^n \tag{3-9}$$

$$\pi_t^c = \alpha(L)M_{2,t} + \varepsilon_t^c \tag{3-10}$$

$$\pi_t^n = \beta(L)\pi_t^n + \varepsilon_t^n \tag{3-11}$$

其中 π_t 是观测到的通货膨胀率，π_t^c 代表不可观测的核心通货膨胀率，π_t^n 代表非核心通货膨胀率。ε_t^c 是由总供给和总需求引起的冲击，ε_t^n 是暂时冲击，$M_{2,t}$ 是货币供给增长率。（3-9）式反映通货膨胀可以分解为长期趋势成分和短期波动成分，即核心通货膨胀和非核心通货膨胀。核心通货膨胀率主要由货币供给增长率所决定，而非核心通货膨胀率满足自回归过程，$\alpha(L)$ 和 $\beta(L)$ 代

表关于 L 的滞后多项式。其中 $\varepsilon_t^c \sim N(0, \sigma_c^2)$，$\varepsilon_t^n \sim N(0, \sigma_n^2)$，令 $\tilde{\pi}_t^c = [\pi_1^c, \pi_2^c, \cdots, \pi_T^c]'$，$\tilde{\pi}_t^n = [\pi_1^n, \pi_2^n, \cdots, \pi_T^n]'$，$\tilde{\alpha}$ 与 $\tilde{\beta}$ 是滞后多项式的未知参数向量。

在已知模型的参数和观测值情况下，通过 Gibbs Sampler 产生状态向量样本的方法有两种：单步移动 Gibbs Sampler 法（Carlin、Polson & Stoffer，1992）和多步移动 Gibbs Sampler 法（Carter & Kohn，1994）。单步移动 Gibbs Sampler 法是每次产生状态向量的一个元素，根据以下条件分布逐步产生状态向量的样本：

$$p(\beta_t \mid \tilde{\beta}_{\neq t}, \tilde{y}_T) \qquad t = 1, 2, \cdots, T$$

多步移动 Gibbs Sampler 法是根据以下条件分布产生状态向量的样本：

$$p(\tilde{\beta}_T \mid \tilde{y}_T)$$

这两种方法相比较而言，多步移动 Gibbs Sampler 法具有计算有效性和快速收敛的特点，因此，本章采用多步移动 Gibbs Sampler 法。

BGS 方法应用在（3-9）式至（3-11）式状态空间模型的具体估计步骤如下：

第一步：在观测值 π_t、$M_{2,t}$，参数 $\tilde{\alpha} = [\alpha_1, \cdots, \alpha_T]'$、$\tilde{\beta} = [\beta_1, \cdots \beta_T]'$、$\sigma_c^2$ 和 σ_n^2 已知的情况下，生成状态向量 $\pi_t^c = [\pi_1^c, \pi_2^c, \cdots, \pi_T^c]'$ 的样本。由马尔科夫链的性质可以证明：

$$p(\tilde{\pi}_T^c \mid \tilde{\pi}_T) = p(\pi_T^c \mid \tilde{\pi}_T) \prod_{t=1}^{T-1} p(\pi_t^c \mid \pi_{t+1}^c, \tilde{\pi}_t) \qquad (3-12)$$

（3-12）式表明，首先由 $p(\pi_T^c \mid \tilde{\pi}_T)$ 生成 π_T^c 的样本，然后根据 $p(\pi_t^c \mid \pi_{t+1}^c, \tilde{\pi}_t)$ 在已知 π_{t+1}^c 的条件下生成 π_t^c 的样本，其中 $t =$

$T - 1, \cdots, 1$。

由于以上的状态空间模型是线性的和高斯的，因此 $\pi_T^c \mid \tilde{\pi}_T$ 和 $\pi_t^c \mid$ $\pi_{t+1}^c, \tilde{\pi}_t$ 也是服从高斯（正态）分布，即：

$$\pi_T^c \mid \tilde{\pi}_T \sim N(E_{T\mid T}, P_{T\mid T}) \tag{3-13}$$

$$\pi_t^c \mid \pi_{t+1}^c, \tilde{\pi}_t \sim N(E_{t\mid t, \pi_{t+1}^c}, P_{t\mid t, \pi_{t+1}^c}) \quad (t = T - 1, \cdots, 1) \tag{3-14}$$

其中

$$\pi_{T\mid T}^c = E(\pi_T^c \mid \tilde{\pi}_T)$$

$$P_{T\mid T} = Cov(\pi_T^c \mid \tilde{\pi}_T)$$

$$\pi_{t\mid t, \pi_{t+1}^c}^c = E(\pi_t^c \mid \pi_{t+1}^c, \tilde{\pi}_t)$$

$$P_{t\mid t, \pi_{t+1}^c} = Cov(\pi_t^c \mid \pi_{t+1}^c, \tilde{\pi}_t)$$

首先应用卡尔曼滤波得到 $\pi_{T\mid T}^c$ 和 $P_{T\mid T}$ 及 $\pi_{t\mid t, \pi_{t+1}^c}^c$ 和 $P_{t\mid t, \pi_{t+1}^c}$ 作为初值，然后根据（3-13）式的分布形式生成 π_T^c 的样本。在 π_T^c 已知的条件下根据（3-14）式生成 π_t^c（$t = T - 1, \cdots, 1$）的样本，因此，在此之前需要知道计算 $\pi_{t\mid t, \pi_{t+1}^c}^c$ 和 $P_{t\mid t, \pi_{t+1}^c}$ 的表达式，Kim 和 Nelson（1999）给出了具体的表达式：

$$\pi_{t\mid t, \pi_{t+1}^c}^c = \pi_{t\mid t}^c + P_{t\mid t} F' (F P_{t\mid t} F' + Q)^{-1} (\pi_{t+1}^c - F \pi_{t\mid t}^c)$$

$$P_{t\mid t, \pi_{t+1}^c} = P_{t\mid t} - P_{t\mid t} F' (F P_{t\mid t} F' + Q)^{-1} F P_{t\mid t}$$

上式中 F 是状态方程中状态变量的滞后一期的系数矩阵，Q 是状态方程扰动项的方差。

第二步：（3-10）式中的 $M_{2,t}$ 为货币供给增长率，并且是可观测的序列，因此可以根据（3-10）式计算出参数向量 $\bar{\alpha}$，再根据 $\pi_t^n = \pi_t - \pi_t^c$ 计算 π_t^n。

第三步：在状态向量 $\tilde{\pi}_t^c = [\pi_1^c, \pi_2^c, \cdots, \pi_T^c]'$ 和参数向量 $\bar{\alpha}$ 已知条件

下生成 σ_c^2 的样本。将（3 - 10）式写为矩阵形式：$\boldsymbol{\pi}_t^c = X^* \tilde{\alpha} + \boldsymbol{\varepsilon}_t^c$，则 $1/\sigma_c^2$ 的似然函数为：

$$L\left(\frac{1}{\sigma_c^2} \mid \boldsymbol{\pi}_t^c, \tilde{\beta}\right) = (2\pi\sigma_c^2)^{-\frac{T-1}{2}} \exp\left(-\frac{1}{2\sigma_c^2}(\boldsymbol{\pi}_t^c - \boldsymbol{\pi}_t^{c*}\tilde{\beta})'(\boldsymbol{\pi}_t^c - \boldsymbol{\pi}_t^{c*}\tilde{\beta})\right)$$

由于给定 $1/\sigma_c^2$ 的先验分布是均匀分布，因此其先验分布函数是一个常数。将先验分布和似然函数合并得到其后验分布：

$$p\left(\frac{1}{\sigma_c^2} \mid \boldsymbol{\pi}_t^c, \tilde{\alpha}\right) \propto \left(\frac{1}{\sigma_c^2}\right)^{-\frac{v_1}{2}-1} \exp\left(-\frac{u_1}{2\sigma_c^2}\right)$$

其中 $v_1 = T$，$u_1 = (\boldsymbol{\pi}_t^c - X^* \tilde{\alpha})'(\boldsymbol{\pi}_t^c - X^* \tilde{\alpha})$，则 σ_c^2 的后验条件分布服从逆 Gamma 分布，即 $\sigma_c^2 \mid \boldsymbol{\pi}_t^c, \tilde{\alpha} \sim IG\left(\frac{v_1}{2}, \frac{u_1}{2}\right)$，由此可根据该分布生成它的样本，并作为下一次循环的初值。

第四步：在 $\boldsymbol{\pi}_t^n$ 和 $\tilde{\beta}$ 已知条件下生成 σ_n^2 的样本。将（3 - 11）式改写为矩阵形式：$\boldsymbol{\pi}_t^n = \boldsymbol{\pi}_t^{n*}\tilde{\beta} + \boldsymbol{\varepsilon}_t^n$，则 $1/\sigma_n^2$ 的似然函数为：

$$L\left(\frac{1}{\sigma_n^2} \mid \boldsymbol{\pi}_t^n, \tilde{\beta}\right) = (2\pi\sigma_n^2)^{-\frac{T-1}{2}} \exp\left(-\frac{1}{2\sigma_n^2}(\boldsymbol{\pi}_t^n - \boldsymbol{\pi}_t^{n*}\tilde{\beta})'(\boldsymbol{\pi}_t^n - \boldsymbol{\pi}_t^{n*}\tilde{\beta})\right)$$

给定 $1/\sigma_n^2$ 的先验分布是均匀分布，因此先验分布函数是一个常数，将先验分布与似然函数合并为后验分布：

$$p\left(\frac{1}{\sigma_n^2} \mid \boldsymbol{\pi}_t^n, \tilde{\beta}\right) \propto \left(\frac{1}{\sigma_n^2}\right)^{-\frac{v_2}{2}-1} \exp\left(-\frac{u_2}{2\sigma_n^2}\right)$$

其中，$v_2 = T$，$u_2 = (\boldsymbol{\pi}_t^n - \boldsymbol{\pi}_t^{n*}\tilde{\beta})'(\boldsymbol{\pi}_t^n - \boldsymbol{\pi}_t^{n*}\tilde{\beta})$，则 σ_n^2 的条件后验分布服从逆 Gamma 分布，即 $\sigma_n^2 \mid \boldsymbol{\pi}_t^n, \tilde{\beta} \sim IG\left(\frac{v_2}{2}, \frac{u_2}{2}\right)$，根据其分布生成它的样本，作为下一次循环的初值。

第五步：在 $\boldsymbol{\pi}_t^n$ 和 σ_n^2 已知条件下生成向量 $\tilde{\beta}$ 的样本。根据矩阵形

式 $\pi_t^n = \pi_t^{n*} \tilde{\beta} + \varepsilon_t^n$，$\tilde{\beta}$ 的似然函数为：

$$L(\tilde{\beta} \mid \pi_t^n, \sigma_n^2) = (2\pi\sigma_n^2)^{-\frac{T-1}{2}} \exp\left(-\frac{1}{2\sigma_n^2}(\pi_t^n - \pi_t^{n*}\tilde{\beta})'(\pi_t^n - \pi_t^{n*}\tilde{\beta})\right)$$

假设 $\tilde{\beta}$ 的先验分布是均匀分布，则先验分布函数为一个常数。合并先验分布和似然函数得到后验分布为：

$$p(\tilde{\beta} \mid \pi_t^n, \sigma_n^2) \propto \exp\left(-\frac{1}{2\sigma_n^2}(\pi_t^n - \pi_t^{n*}\tilde{\beta})'(\pi_t^n - \pi_t^{n*}\tilde{\beta})\right)$$

则 $\tilde{\beta} \mid \pi_t^n, \sigma_n^2$ 的条件分布服从正态分布，即 $\tilde{\beta} \mid \pi_t^n, \sigma_n^2 \sim N[(\pi_t^{n*})^{-1}\pi_t^n, (\pi_t^{n*'}\pi_t^{n*})^{-1}\sigma_n^2]$，根据该分布生成它的样本，并作为下一次循环的初值。

本章中以上算法过程通过 Gauss 程序来实现。

四 模型参数估计及数据分析

考虑到货币供给量增加所引发的通货膨胀具有滞后性，所以本章建立模型时首先检验它们之间的相关系数。结果表明，当期通货膨胀率与当期货币供给增长率以及滞后一期和滞后二期的货币供给增长率之间都有较强的相关性（分别为 0.75、0.85 和 0.72）。在估计模型的最初，将当期的货币供给增长率以及滞后一期和滞后二期的货币供给增长率全部考虑在模型中，但是经检验当期货币供给增长率的系数不显著，因此在模型中将其剔除。最终得到如下的状态空间模型形式：

$$\pi_t = \pi_t^c + \pi_t^n \tag{3-15}$$

$$\pi_t^c = \alpha_1 M_{2,t-1} + \alpha_2 M_{2,t-2} + \varepsilon_t^c \tag{3-16}$$

$$\pi_t^n = \beta_1 \pi_{t-1}^n + \varepsilon_t^n \tag{3-17}$$

对以上模型的估计过程需要作几点说明:

1. 在使用贝叶斯方法时, 首先需要对参数的先验分布进行选择, 目前, 先验分布主要分为两类: 有信息先验分布和无信息先验分布。共轭分布是一种便于计算后验分布的有信息先验分布, 共轭先验分布与似然函数相结合可以得到与先验分布形式相同的后验分布。无信息先验分布对后验分布影响很小, 因此对结果产生的影响效果非常小, 越来越多的研究者采用无信息先验分布进行贝叶斯分析 (李雪松, 2008), 均匀分布是最常使用的无信息先验分布之一。本章采用的参数分布是无信息均匀分布。

2. 应用 Gibbs Sampler 生成蒙特卡洛样本时的一个关键问题是, 什么时候开始生成的样本可以看作随机样本, 通过马尔科夫链生成的样本需要经过预热期 (Burn – in Period) 后才被认为是随机样本。检验生成的样本是否是随机样本的方法有许多 (Gilks, Richardson & Speiegelhalter, 1996),[1] 例如 Qian 和 Field (2002) 提出的 χ^2 检验法、Gelman (1996) 提出的多链检验法等。而 Geyer (1992) 认为没有必要进行复杂的检验, 只需要去掉生成样本总数前 1% ~ 2% 的样本即可。[2] 因此, 本章在计算过程中每个参数生成 4 500 个样本, 然后舍去前 500 个样本, 这比 Geyer (1992) 提出去掉前 1% ~ 2% 的样本更具可靠性。由于计算机生成的伪随机数可能包含 "后效性", 因此对所生成的状态变量和参数样本每间隔 4 个选取 1 个样本, 这样每个参数具有 1 000 个样本。

3. 参数 α_1、α_2 和 β_1 的先验分布均采用均匀正态分布, 由于经济

---

[1] Gilks, W. R., Richardson, S. and Spiegelhalter, D. J. (Eds.), *Markov chain Monte Carlo in practice*, Chapman & HALL, 1996, 1 – 17.

[2] Geyer, C. J. "Practical Markov Chain Monte Carlo". *Statist. Sci*, 1992 (7), 473 – 511.

周期波动的延续性及货币政策实施的时滞性，因此，滞后一期和滞后二期的货币供给增长率的系数均为正，且 $E(\alpha_1) > E(\alpha_2)$；对于 σ_l^2、σ_c^2 的先验分布采用无信息均匀分布。

4. 选择不同初值对预热期的长短有影响，但是如果生成的样本足够多，并且舍去的样本也足够多，那么初值的选取对最终结果并没有影响。

应用 BGS 算法对（3-15）式至（3-17）式进行估计，估计所得各参数的均值、标准差以及各参数的分布图如图 3-12 所示。

表 3-7　参数 α_1、α_2、σ_l^2、σ_c^2 及 β_1 的估计结果

参　数	α_1	α_2	σ_l^2	σ_c^2	β_1
初　值	0	0	0.5	0.5	0
均　值	0.4427	0.2016	0.1084	0.0814	0.3014
标准差	0.1208	0.0961	0.0245	0.0209	0.1481

由表 3-7 中可以看出，估计结果与先验分布的差距较大，这可以解释为数据中包含的信息的作用大于我们的主观判断。

五　我国核心通货膨胀的估计及验证

采用 BGS 状态空间模型估计我国的核心 CPI 同比增长率的趋势图如图 3-13 所示。

（a）参数 α_1 的分布图

（b）参数 α_2 的分布图

（c）参数 σ_t^2 的分布图

（d）参数 σ_e^2 的分布图

（e）参数 β_1 的分布图

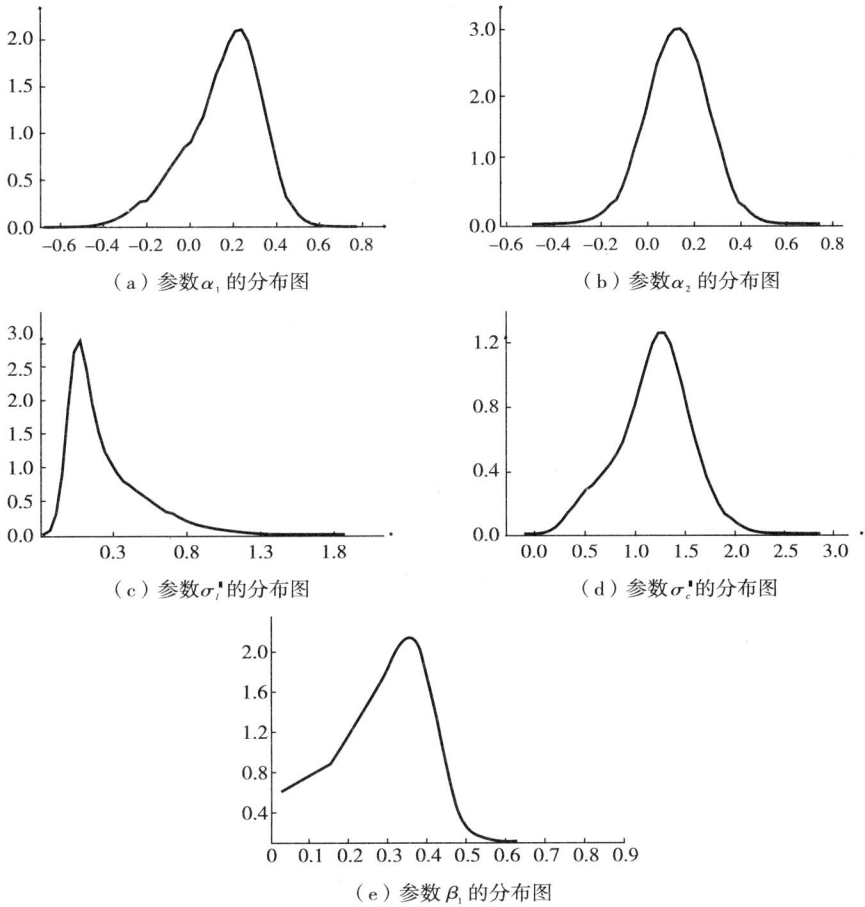

图 3-12 参数 α_1、α_2、σ_t^2、σ_e^2 及 β_1 的分布图

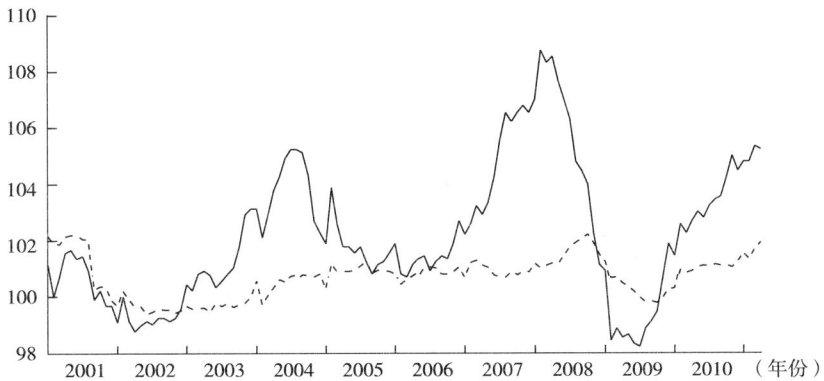

图 3-13 BGS 状态空间模型度量的核心 CPI（虚线）与 CPI（实线）走势图

从图 3-13 可以看出，核心 CPI 的波动幅度明显小于 CPI 的波动幅度，并且经计算 2001 年 1 月至 2011 年 4 月 CPI 的标准差为 2.503，而核心 CPI 的标准差为 0.942，可见核心 CPI 与 CPI 相比，具有较小的波动性，符合 Bryan 和 Cecchetti（1994）关于核心通货膨胀应该比观测到的通货膨胀具有较小波动性的推断，其原因在于由食品价格变动等暂时冲击影响的因素已被排除。总体上来看除某些特别月份外核心 CPI 均低于 CPI，其原因是食品价格等经常受到天气、自然灾害等的影响而出现较大幅度的上涨，因此排除掉受暂时冲击决定的非核心通货膨胀后剩余的核心通货膨胀较低。

表 3-8 是估计的我国核心 CPI 与货币供给增长率 $M2r$ 的相关系数和 CPI 与货币供给增长率 $M2r$ 的相关系数比较，结果表明，核心 CPI 与货币供给增长率的相关性远大于 CPI 与货币供给增长率的相关性。

表 3-8　核心 CPI 和 CPI 分别与 $M2r$ 的相关系数

$M2r$ 的滞后期	1	2	3	4	5
核心 CPI 与 $M2r$ 的相关系数	0.743	0.328	0.033	-0.134	-0.215
CPI 与 $M2r$ 的相关系数	0.689	0.248	0.016	-0.053	-0.088

由于核心通货膨胀是由货币供给等长期因素引起的，而 CPI 常常受到暂时因素或短期因素的影响，因此，无论在 t 时刻 CPI 与核心 CPI 的差距有多大，未来每一期核心 CPI 的变化（$\pi_{t+h}^{core} - \pi_t^{core}$）均不会受到影响，即核心 CPI 的变化（$\pi_{t+h}^{core} - \pi_t^{core}$）不受（$\pi_t - \pi_t^{core}$）的影响，为检验这一假设本章构造（3-18）式：

$$\pi_{t+h}^{core} - \pi_t^{core} = \alpha_h (\pi_{t+h-1}^{core} - \pi_t^{core}) + \beta_h (\pi_t - \pi_t^{core}) + \varepsilon_{t+h} \qquad (3-18)$$

对模型（3-18）进行检验，在 h 的不同取值条件下，是否能够拒绝 $\beta = 0$ 的原假设，如果拒绝原假设，说明核心 CPI 不受暂时冲击或短期冲击的影响。通过检验发现对于模型（3 - 18）而言，在 h 的不同取值条件下，我们都无法拒绝 $\beta = 0$ 的原假设，说明采用 BGS 状态空间模型估计的核心 CPI 不受暂时冲击的影响，进一步证实了我们所估计的核心 CPI 的合理性。

第五节　我国核心通货膨胀的估计——基于动态因子指数模型

Bryan 和 Cecchetti（1993）研究指出，一般来讲，基于 CPI 度量通货膨胀存在以下方面明显的不足：首先，CPI 容易受到非货币因素等暂时冲击或短期冲击的影响，呈现出暂时性的剧烈波动；其次，CPI 自身的合成过程就是一个有偏的过程，其主要来源于支出权重和测量某类商品价格指数产生的持久误差，而权重的有偏性源于相对价格的变动与不恰当构造权重的协方差。第一种不足已经由 Bryan 和 Cecchetti（1993）提出的有限影响估计法得以解决。

如果制定货币政策的目标是保持价格的稳定，那么有偏性的存在及价格指数的趋势与通货膨胀之间的偏差表明具有固定权重的各类商品价格指数不是设定长期目标的最优选择。尽管 Wynne 和 Sigalla（1993）已经以高频率的分解技术为基础通过计算对有偏性问题进行了阐述，但该方法最大程度上仅仅是得到权重的近似值。

动态因子的思想最初源于 Burns 和 Mitchell（1946）对经济周期的研究，他们认为研究经济的总体波动性需要选择一个重要且具有代表性的经济时间序列，如失业率或 GNP 等，然后根据该序列进行分析和预测。从经济周期分析的角度来讲，该方法的研究范围相当有限。[①] 尽管单独的时间序列都具有合理的经济含义，但这些时间序列测量的仅仅是经济活动总

---

① Burns, A. F. and Mitchell, W. C. *Measuring Business Cycle.* New York：NBER, 1946.

体状态的某个单独方面，而不是经济状态（Burns 和 Mitchll 的文献中指"参考周期"）的总体变动状态。这个概念可以扩展为许多宏观时间序列包含一个不可观测的共同变量，该变量可以代替 Burns 和 Mitchell（1946）的研究中一个完全指定概率模型中的参考周期。

Stock 和 Watson（1991）提出一个共同经济指标的概率模型，并明确指出许多宏观经济变量中都存在一个共同变动的成分，该共同变化成分可以通过一个潜在的、不可观测的变量表示，该模型也被称为动态因子指数模型（简称 DFI 模型）。DFI 模型主要用于估计宏观经济变量中的共同趋势成分。Bryan 和 Cecchetti（1993）以 Stock 和 Watson（1991）的研究为基础，根据核心通货膨胀是观测到通货膨胀中持久、稳定的趋势成分，而这个持久、稳定的趋势必然是合成 CPI 中各类商品价格指数的共同变化趋势，因此，合成 CPI 的各类商品价格指数所包含的共同变化趋势即为核心通货膨胀成分。与支出权重价格指数不同，动态因子（即核心通货膨胀）是各类商品价格指数变化的共同成分的无偏估计。

一 动态因子指数模型的估计原理

DFI 模型法将 CPI 中各类商品的价格指数分解为互不相关的且反映共同变动趋势的共同成分和反映相对价格变动的异质成分，而各类商品的价格指数在核心 CPI 中的权重由其对共同成分的贡献所决定。设 X_t 是包含 n 个经济变量的（$n \times 1$）维向量，而 X_t 由两部分构成：n 个时间序列都包含的不可观测的共同成分（时间序列）C_t 和 n 维白噪声成分 ε_t，并且 C_t 与 ε_t 均满足线性结构，DFI 模型具体的表达形式如下：

$$X_t = A + \gamma C_t + \varepsilon_t \qquad (3-19)$$

$$\varphi(L)C_t = u_t \qquad (3-20)$$

$$\varphi(L)\varepsilon_t = v_t \qquad (3-21)$$

其中 L 是滞后因子，$\varphi(L)$ 与 $\varphi(L)$ 分别为阶数是 p 和 k 的滞后多项式。根据（3-20）式可知，带有可变滞后阶数和权重的 C_t 包含在（3-20）式中的每个方程中。

Nelson 和 Plosser（1982）指出根据研究经验，许多宏观时间序列包含随机趋势。从理论上讲，X_t 中的每个元素均包含一个随机趋势，而该趋势是每个元素的共同成分。根据 Engle 和 Granger（1987）的理论研究，X_t 可能是 $(k-1)$ 阶协整向量。因此，将（3-19）式至（3-21）式变形为如下形式：

$$\Delta X_{it} = A_i + \gamma_i \Delta C_t + e_{it} \qquad i = 1,2,\cdots,n \qquad (3-22)$$

$$\varphi(L)\Delta C_t = u_t \qquad u_t \sim i.i.d.N(0,1) \qquad (3-23)$$

$$\varphi(L)e_t = v_t \qquad v_{it} \sim i.i.d.N(0,\sigma_i^2) \qquad (3-24)$$

其中 $(A_i + e_{it})$ 表示每个序列的异质成分，并且假设向量 $(e_{1t},\cdots,e_{nt},\Delta C_t)$ 中的元素领先项和滞后项彼此不相关，并且 $E(\Delta C_t) = \delta$，由（3-22）式可知：

$$E(\Delta X_{it}) = A_i + \gamma_i \delta$$

采用极大似然估计法单独地估计 A_i 和 γ_i 是不可行的，为了解决这一问题，Stock 和 Watson 提出采用均值离差法改写（3-22）式至（3-24）式：

$$\Delta x_{it} = \gamma_i \Delta c_t + e_{it} \qquad i = 1,2,\cdots,n \qquad (3-25)$$

$$\varphi(L)\Delta c_t = u_t \qquad u_t \sim i.i.d.N(0,1) \qquad (3-26)$$

$$\varphi(L)e_t = v_t \qquad v_{it} \sim i.i.d.N(0,\sigma_i^2) \qquad (3-27)$$

其中 $\Delta x_{it} = \Delta X_{it} - \Delta \bar{X}_i$，$\Delta c_t = \Delta C_t - \delta$，也就是 $E(\Delta C_t) = \delta$，（3-25）式至（3-27）式可以改写为状态空间形式：

测量方程：$\Delta x_t = H\beta_t$

转移方程：$\beta_t = F\beta_{t-1} + \varepsilon_t$

可以通过基于预测误差分解的卡尔曼滤波进行参数估计，得到 $\beta_{t|t}$，$\beta_{t|t}$ 的第（1，1）个元素即为 $\Delta c_{t|t}$，然后对 Δc_t 进行统计推断。

在已知 $\Delta c_{t|t} (t = 1, 2, \cdots, T)$ 的情况下，需要估计 δ 才能够得到共同变动指数 $C_{t|t}$，$(t = 1, 2, \cdots, T)$，根据 $\Delta c_t = \Delta C_t - \delta$，我们有如下等式：

$$C_{t|t} = C_{t|t-1} + \Delta c_{t|t} + \delta \qquad (3-28)$$

假设模型的参数均已知，并将卡尔曼滤波应用在（3 – 22）式至（3 – 24）式中，得到 $C_{t|t}(t = 1, 2, \cdots, T)$。$\Delta C_{t|t}$ 与向量 $\Delta X_t = (\Delta X_{1t}, \cdots, \Delta X_{nt})'$ 之间的关系可表示为：

$$\Delta C_{t|t} = W(L)\Delta X_t \qquad (3-29)$$

（3 – 29）式表明 $\Delta C_{t|t}$ 是 $\Delta X_{1t}, \cdots, \Delta X_{nt}$ 现值和过去值的函数，将该式两侧取期望得到：

$$E(\Delta C_{t|t}) = E[W(L)\Delta X_t] \Rightarrow \delta = W(1)E(\Delta X)$$

在已知 $\Delta \overline{X}$ 的情况下，如果估计出 $W(L)$，就可估计出 δ。$\Delta c_{t|t}$ 与 Δx_t 的关系也可表示为：$\Delta c_{t|t} = W(L)\Delta x_t$。以下我们对 Stock 和 Watson（1991）识别上式中 $W(1)$ 的方法进行解释。

将卡尔曼滤波递归法应用于状态空间模型的均值离差形式，我们可以得到如下递归等式：

$$
\begin{aligned}
\beta_{t|t} &= \beta_{t|t-1} + K_t \eta_{t|t-1} \\
\beta_{t|t} &= \beta_{t|t-1} + K_t(\Delta x_t - H\beta_{t|t-1}) \\
\beta_{t|t} &= F\beta_{t-1|t-1} + K_t \Delta x_t - K_t H\beta_{t|t-1} \qquad (3-30) \\
\beta_{t|t} &= F\beta_{t-1|t-1} + K_t \Delta x_t - K_t HF\beta_{t-1|t-1}
\end{aligned}
$$

$$\beta_{t|t} = (I - K_t H) F \beta_{t-1|t-1} + K_t \Delta x_t$$

Harvey（1989）的研究表明在一个稳定的转移方程中，当 $t \to \infty$ 时，卡尔曼增益 K_t 趋于稳态的增益 K。在稳定状态中，有 $\beta_{t|t} = \beta_{t-1|t-1}$ 和 $K_t = K$，故（3-30）式等价变换为：

$$\beta_{t|t} = [I - (I - KH)FL]^{-1} K \Delta x_t$$

其中 L 是滞后因子。由于 $\Delta c_{t|t}$ 是 $\beta_{t|t}$ 的第（1，1）个元素，$W(L)$ 是 $[I - (I - KH)FL]^{-1} K$ 的第（1，1）个元素。因此，$W(1)$ 是 $[I - (I - KH)F]^{-1} K$ 的第（1，1）个元素。

二　基于 DFI 模型的我国核心通货膨胀的参数估计与数据分析

对于合成 CPI 的八大类商品价格指数的时间序列数据用 $X_{it}(i = 1, 2, \cdots, 8)$ 表示，平稳序列 ΔX_{it}（关于 X_{it} 的平稳性检验由表 3-9 给出），其 DFI 模型的具体形式的设定如下：

表 3-9　ADF 单位根检验

	ADF 检验 p 值		ADF 检验 p 值
X_1	0.172	ΔX_1	0.000
X_2	0.244	ΔX_2	0.000
X_3	0.170	ΔX_3	0.000
X_4	0.411	ΔX_4	0.004
X_5	0.300	ΔX_5	0.000
X_6	0.020	ΔX_6	NA
X_7	0.006	ΔX_7	NA
X_8	0.115	ΔX_8	0.000

$$\Delta X_{it} = A_i + \gamma_i \Delta C_t + e_{it} \tag{3-31}$$

$$(\Delta C_t - \delta) = \varphi_1(\Delta C_{t-1} - \delta) + \varphi_2(\Delta C_{t-2} - \delta) + u_t \quad u_t \sim i.i.d. N(0,1) \tag{3-32}$$

$$e_{it} = \varphi_{i1}e_{i,t-1} + \varphi_{i2}e_{i,t-2} + v_{it} \qquad v_{it} \sim i.i.d. N(0,\sigma_i^2) \qquad (3-33)$$

（3-31）式表明 ΔX_{it} 主要由两个部分构成，其中 ΔC_t 为共同成分的变化，$E(\Delta C_t) = \delta$，$(1 - \varphi_1 L - \varphi_2 L^2) = 0$ 和 $(1 - \varphi_1 L - \varphi_2 L^2) = 0$ 的根均落在单位圆外，并且所有扰动项彼此是独立的、不相关的，（3-31）式中的 γ_i 表明 ΔC_t 中有多大比例是由第 i 类商品价格指数的变化 ΔX_{it} 决定的，$(i = 1, 2, \cdots, 8)$；第二部分 $A_i + e_{it}$ 表示每类商品价格指数的异质成分，其中 A_i 与 γ_i 是需要估计的参数。为了更好地估计该模型，将该 DFI 模型改写为如下形式：

$$\Delta x_{it} = \gamma_i \Delta c_t + e_{it} \qquad\qquad (3-34)$$

$$\Delta c_t = \varphi_1 \Delta c_{t-1} + \varphi_2 \Delta c_{t-2} + u_t \qquad u_t \sim i.i.d. N(0,1) \qquad (3-35)$$

$$e_{it} = \varphi_{i1}e_{i,t-1} + \varphi_{i2}e_{i,t-2} + v_{it} \qquad v_{it} \sim i.i.d. N(0,\sigma_i^2) \qquad (3-36)$$

其中 $(i = 1, 2, \cdots, 8)$，$\Delta x_{it} = \Delta X_{it} - \Delta\bar{X}_i$，$\Delta c_t = \Delta C_t - \delta$，$\Delta\bar{X}_i$ 是选取的样本期间内第 i 类商品价格指数的均值。

以上 DFI 模型可以改写为状态空间模型的形式，进而通过基于预测误差分解的卡尔曼滤波进行估计，并对 Δc_t 进行统计推断。上述 DFI 模型的状态空间模型的具体表示形式如下：

测量方程为：$\Delta x_t = H\beta_t$

转移方程为：$\beta_t = F\beta_{t-1} + \varepsilon_t$

其中 Δx_t 为 (8×1) 矩阵，H 为 (8×18) 矩阵，β_t 为 (18×1) 矩阵，F 为 (18×18) 矩阵，ε_t 是 (18×1) 向量，通过最大似然估计可以计算出该状态空间的参数估计值。该状态空间模型中矩阵 H 与 F 的具体形式为：

$$H = \begin{pmatrix}
\gamma_1 & 0 & 0 & 0 & 1 & 0 & 0 & 0 & 0 & 0 & 0 & 0 & 0 & 0 & 0 & 0 & 0 & 0 & 0 & 0 & 0 & 0 \\
\gamma_2 & 0 & 0 & 0 & 0 & 0 & 1 & 0 & 0 & 0 & 0 & 0 & 0 & 0 & 0 & 0 & 0 & 0 & 0 & 0 & 0 & 0 \\
\gamma_3 & 0 & 0 & 0 & 0 & 0 & 0 & 1 & 0 & 0 & 0 & 0 & 0 & 0 & 0 & 0 & 0 & 0 & 0 & 0 & 0 & 0 \\
\gamma_4 & 0 & 0 & 0 & 0 & 0 & 0 & 0 & 0 & 1 & 0 & 0 & 0 & 0 & 0 & 0 & 0 & 0 & 0 & 0 & 0 & 0 \\
\gamma_5 & 0 & 0 & 0 & 0 & 0 & 0 & 0 & 0 & 0 & 0 & 1 & 0 & 0 & 0 & 0 & 0 & 0 & 0 & 0 & 0 & 0 \\
\gamma_6 & 0 & 0 & 0 & 0 & 0 & 0 & 0 & 0 & 0 & 0 & 0 & 0 & 0 & 1 & 0 & 0 & 0 & 0 & 0 & 0 & 0 \\
\gamma_7 & 0 & 0 & 0 & 0 & 0 & 0 & 0 & 0 & 0 & 0 & 0 & 0 & 0 & 0 & 0 & 0 & 1 & 0 & 0 & 0 & 0 \\
\gamma_8 & 0 & 0 & 0 & 0 & 0 & 0 & 0 & 0 & 0 & 0 & 0 & 0 & 0 & 0 & 0 & 0 & 0 & 0 & 0 & 1 & 0
\end{pmatrix}$$

$$F = \begin{pmatrix}
\phi_1 & \phi_2 & 0 & 0 & 0 & 0 & 0 & 0 & 0 & 0 & 0 & 0 & 0 & 0 & 0 & 0 & 0 & 0 & 0 & 0 & 0 & 0 \\
1 & 0 & 0 & 0 & 0 & 0 & 0 & 0 & 0 & 0 & 0 & 0 & 0 & 0 & 0 & 0 & 0 & 0 & 0 & 0 & 0 & 0 \\
0 & 1 & 0 & 0 & 0 & 0 & 0 & 0 & 0 & 0 & 0 & 0 & 0 & 0 & 0 & 0 & 0 & 0 & 0 & 0 & 0 & 0 \\
0 & 0 & 1 & 0 & 0 & 0 & 0 & 0 & 0 & 0 & 0 & 0 & 0 & 0 & 0 & 0 & 0 & 0 & 0 & 0 & 0 & 0 \\
0 & 0 & 0 & 0 & \phi_{11} & \phi_{12} & 0 & 0 & 0 & 0 & 0 & 0 & 0 & 0 & 0 & 0 & 0 & 0 & 0 & 0 & 0 & 0 \\
0 & 0 & 0 & 0 & 1 & 0 & 0 & 0 & 0 & 0 & 0 & 0 & 0 & 0 & 0 & 0 & 0 & 0 & 0 & 0 & 0 & 0
\end{pmatrix}$$

$$F = \begin{pmatrix}
0 & 0 & 0 & 0 & 0 & 0 & \phi_{21} & \phi_{22} & 0 & 0 & 0 & 0 & 0 & 0 & 0 & 0 & 0 & 0 & 0 & 0 & 0 \\
0 & 0 & 0 & 0 & 0 & 0 & 1 & 0 & 0 & 0 & 0 & 0 & 0 & 0 & 0 & 0 & 0 & 0 & 0 & 0 & 0 \\
0 & 0 & 0 & 0 & 0 & 0 & 0 & 0 & \phi_{31} & \phi_{32} & 0 & 0 & 0 & 0 & 0 & 0 & 0 & 0 & 0 & 0 & 0 \\
0 & 0 & 0 & 0 & 0 & 0 & 0 & 1 & 0 & 0 & 0 & 0 & 0 & 0 & 0 & 0 & 0 & 0 & 0 & 0 & 0 \\
0 & 0 & 0 & 0 & 0 & 0 & 0 & 0 & 0 & 0 & \phi_{41} & \phi_{42} & 0 & 0 & 0 & 0 & 0 & 0 & 0 & 0 & 0 \\
0 & 0 & 0 & 0 & 0 & 0 & 0 & 0 & 0 & 0 & 1 & 0 & 0 & 0 & 0 & 0 & 0 & 0 & 0 & 0 & 0 \\
0 & 0 & 0 & 0 & 0 & 0 & 0 & 0 & 0 & 0 & 0 & 0 & \phi_{51} & \phi_{52} & 0 & 0 & 0 & 0 & 0 & 0 & 0 \\
0 & 0 & 0 & 0 & 0 & 0 & 0 & 0 & 0 & 0 & 0 & 0 & 1 & 0 & 0 & 0 & 0 & 0 & 0 & 0 & 0 \\
0 & 0 & 0 & 0 & 0 & 0 & 0 & 0 & 0 & 0 & 0 & 0 & 0 & 0 & \phi_{61} & \phi_{62} & 0 & 0 & 0 & 0 & 0 \\
0 & 0 & 0 & 0 & 0 & 0 & 0 & 0 & 0 & 0 & 0 & 0 & 0 & 0 & 1 & 0 & 0 & 0 & 0 & 0 & 0 \\
0 & 0 & 0 & 0 & 0 & 0 & 0 & 0 & 0 & 0 & 0 & 0 & 0 & 0 & 0 & 0 & \phi_{71} & \phi_{72} & 0 & 0 & 0 \\
0 & 0 & 0 & 0 & 0 & 0 & 0 & 0 & 0 & 0 & 0 & 0 & 0 & 0 & 0 & 0 & 1 & 0 & 0 & 0 & 0 \\
0 & 0 & 0 & 0 & 0 & 0 & 0 & 0 & 0 & 0 & 0 & 0 & 0 & 0 & 0 & 0 & 0 & 0 & \phi_{81} & \phi_{82} & 0 & 0 \\
0 & 0 & 0 & 0 & 0 & 0 & 0 & 0 & 0 & 0 & 0 & 0 & 0 & 0 & 0 & 0 & 0 & 0 & 1 & 0
\end{pmatrix}$$

CPI 中包含的八大类商品的价格指数分别为居民食品消费价格指数 (X_1，上年 = 100)、居民烟酒及用品消费价格指数 (X_2，上年 = 100)、居民衣着消费价格指数 (X_3，上年 = 100)、居民家庭设备用品及服务消费价格指数 (X_4，上年 = 100)、居民医疗保健及个人用品消费价格指数 (X_5，上年 = 100)、居民交通和通信消费价格指数 (X_6，上年 = 100)、居民娱乐教育文化用品及服务消费价格指数 (X_7，上年 = 100) 以及居民居住消费价格指数 (X_8，上年 = 100) (DFI 模型的前 8 个方程也是按照该顺序进行排序的)。由图 3 - 1 显示，八大类商品和服务的价格波动总趋势是相同的，但幅度有较大差别，并且波动呈现出不同的特征。有些分类的价格指数波动较为剧烈，有些则相对平缓，例如 2004 年、2008 年与 2010 年食品价格上涨的幅度远大于其他商品，而 2009 年居住价格下降幅度远大于其他商品。我们的目的是通过 DFI 模型找到所有八大类商品的变化趋势和变化幅度的共同因子作为核心通货膨胀。

本章首先对八大类商品的消费价格指数进行单位根检验。对 X_1，$X_2 \cdots X_8$ 共 8 个变量的 Augmented Dickey – Fuller (ADF) 单位根检验结果见表 3 -9，检验过程中均假设检验方程中存在截矩项，不存在趋势项。结果表明八大类商品的消费价格指数除居民交通和通信消费价格指数 (X_6) 与居民娱乐教育文化用品及服务消费价格指数 (X_7) 外，其他 6 种商品的消费价格指数都是非平稳的。对不平稳的商品消费价格指数序列的一阶差分序列 ΔX_1、ΔX_2、ΔX_3、ΔX_4、ΔX_5 与 ΔX_8 进行 ADF 检验，检验过程中均假设检验方程中不存在截矩项而且不存在趋势项，检验结果见表 3 -9，结果表明差分后全部序列是平稳的。由于 CPI 的 8 个分项目价格指数有平稳的和非平稳的，因此不能使用 Stock 和 Watson (1991) 提出的基于协整关系的向量误差修正模型 (VECM) 提取共同趋势计算核心通货膨胀，而 DFI 模型不受此限制。

为统一数据格式，对 X_6 与 X_7 也取一阶差分。对 $\Delta X_1, \Delta X_2, \cdots,$ ΔX_8 建立 DFI 模型并进行估计，结果见表 3-10。

表 3-10 DFI 模型的系数估计值及其标准差

参数	估计值	标准差	参数	估计值	标准差
φ_1	0.5786	0.2222	σ_1^2	0.6596	0.0882
φ_2 *	-0.0073	0.0104	σ_2^2	0.8484	0.1168
φ_{11}	0.6197	0.0916	σ_3^2	0.9196	0.1209
φ_{12}	-0.0960	0.0284	σ_4^2	0.3717	0.0572
φ_{21}	0.1918	0.0943	σ_5^2	0.7863	0.1032
φ_{22}	0.1434	0.0960	σ_6^2	0.2267	0.1966
φ_{31}	0.3192	0.1090	σ_7^2	0.9307	0.1222
φ_{32}	-0.0120	0.0119	σ_8^2	0.5733	0.0749
φ_{41}	0.4834	0.0949	γ_1	0.1862	0.0672
φ_{42}	0.2855	0.0941	γ_2	0.3494	0.0997
φ_{51}	0.4438	0.0825	γ_3	0.4549	0.1859
φ_{52}	0.1661	0.1159	γ_4	0.2609	0.0689
φ_{61}	0.2980	0.1319	γ_5	0.3176	0.1214
φ_{62}	-0.0674	0.1337	γ_6	0.8613	0.1339
φ_{71}	-0.2311	0.0931	γ_7	0.1730	0.0609
φ_{72}	0.0948	0.0289	γ_8	0.1640	0.0616
φ_{81}	0.6576	0.0928			
φ_{82}	-0.0344	0.0924			

表 3-10 中的 γ_i 反映了核心 CPI 同比增长率中有多大的比例是由第 i 类商品的价格指数决定的，其中较小的是居民食品消费价格指数、娱乐教育文化价格指数与居民居住价格指数，分别为 0.1862、0.1730 和 0.1640，说明对核心 CPI 贡献最小的是食品、娱乐教育文化与居住。γ_i 中较大的是居民衣着消费价格指数、居民交通和通信价格指数，分别为 0.4549 和 0.8613，说明对核心 CPI 贡献较大的是衣着价格指数、交通与通信价格指数。

三 基于 DFI 的核心 CPI 估计与验证

共同成分 ΔC_t 只是核心 CPI 的增量，还原成核心 CPI 时需要首先确定某个时间点的核心 CPI。我们采用的方法是先将 2001 年 1 月的核心 CPI 设为 0，然后对 ΔC_t 进行累加，通过假设核心 CPI 与 CPI 的均值相等对累加结果调整，这样就可以确定核心 CPI。这样假设是有道理的，因为核心 CPI 是 CPI 的长期趋势，因此 CPI 超出核心 CPI 的部分与低于核心 CPI 的部分应该相互抵消。图 3 - 14 显示了估计的核心 CPI 与 CPI 的走势：

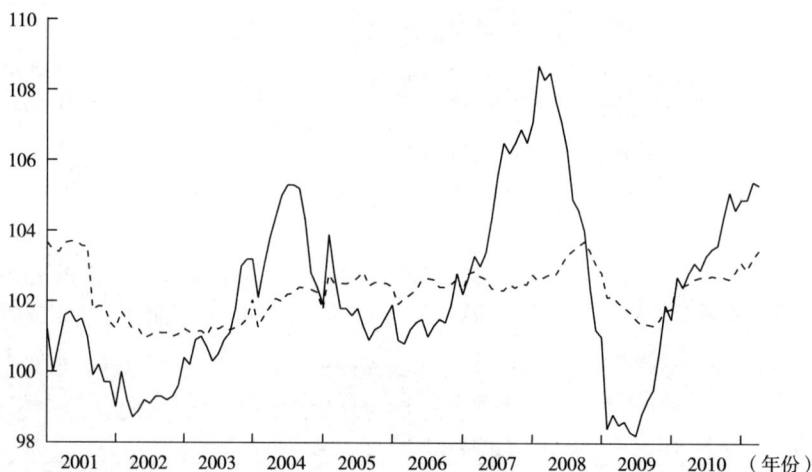

图 3 - 14　DFI 模型度量的核心 CPI（虚线）与 CPI（实线）走势图

由图 3 - 14 可以直观地看出，核心 CPI 的波动幅度远小于 CPI 的波动幅度，计算结果表明二者的方差分别为 0.74 和 2.47，也说明了核心 CPI 具有较小的波动性。

采用（3 - 18）式检验度量的核心 CPI 的合理性，结果显示，采用 DFI 模型度量的核心 CPI 不受暂时冲击的影响，符合核心通货膨胀的含义，进一步证实了我们所估计的核心通货膨胀的合理性。

表 3 - 11 是估计的核心 CPI 与货币供给增长率的相关系数和 CPI 与货币供给增长率的相关系数的比较，结果表明，当货币供给增长率 $M2r$ 领先 13 ~ 16 个月时两个相关关系都较强，核心 CPI 与货币供给增长率的相关性大于 CPI 与货币供给增长率的相关性。

表 3 - 11　核心 CPI 和 CPI 分别与 *M2r* 的相关系数

M_2 增长率的滞后期	13	14	15	16
核心 CPI 与 M_2 增长率的相关系数	0.453	0.467	0.457	0.446
CPI 与 M_2 增长率的相关系数	0.438	0.435	0.411	0.386

第六节　小结

本章首先采用国内外学术界主要采用的各种方法度量了我国的核心 CPI，得到样本期内（2001 年 1 月至 2011 年 4 月）各种核心 CPI 的趋势图、均值及标准差，并对不同的趋势图进行了简要分析。

样本期内 CPI 的均值为 102.152，标准差为 2.358，从采用各种方法度量的结果来看，各种核心 CPI 的波动性均小于 CPI 的波动性。剔除法简单且易于理解，但缺乏理论基础。对于修剪均值法而言，核心 CPI 序列随修剪值的增加，波动幅度逐步减小，尤其非对称修剪均值法度量的结果更加突出。指数平滑法度量的核心 CPI 具有明显的滞后性，不能够及时地反映经济状况。SVAR 模型和共同趋势法度量的核心 CPI 均具有理论基础，但方法比较复杂。方差权重法度量的核心 CPI 的均值和标准差均最小。在采用惯性权重法度量核心 CPI 的过程中，估计各类商品价格指数的惯性时，家庭设备用品及服务类价格指数的惯性最大，其次是烟酒及用品，说明 CPI 中各类成分受到冲击因素影响后，持续的时间有所不同。上述度量的各种核心 CPI 基本符合我国的经济状况，但现有的核心通货膨胀度量方法存在一定的不足。

在此基础上，根据经济理论和现实意义，本章建立了估计核心通货膨胀的状态空间模型，并将 BGS 应用于估计过程，克服了状态空间模型传统估计方法的不足，提高了算法的准确性。从总体上对 CPI 进行划分，将其分为持久成分和暂时成分，即核心 CPI 和非核心 CPI，应用本章建立的模型，对我国的核心 CPI 进行估计，直接排除了 CPI 中所有成分的暂时波动，不需要逐个排除暂时波动，更不需要对各成分重新分配权重，这样估计的核心 CPI 不具有主观性，因此更加准确。采用该方法估计的我国核心 CPI 具有较小的波动性，并且与货币供给增长率的相关系数较大，说明核心 CPI 的走势与货币政策的关系更加密切。核心 CPI 不仅有助于中央银行准确判断通货膨胀的未来走势，而且有助于保持货币政策的稳健性和维持货币政策的可信度和可靠性，进一步建立模型验证了度量的核心 CPI 的合理性——核心 CPI 不受暂时冲击的影响。

本章进一步使用 CPI 篮子中各类商品的价格指数建立 DFI 模型，估计了样本期内我国的核心 CPI。通过对模型系数的估计，得到各类商品价格指数对核心 CPI 的贡献程度，较小的是居民食品消费价格指数、娱乐教育文化价格指数与居民居住价格指数，说明对核心 CPI 贡献最小的是食品、娱乐教育文化与居住；较大的是居民衣着消费价格指数、居民交通和通信价格指数，说明对核心 CPI 贡献较大的是衣着价格指数、交通与通信价格指数。结果显示，我们估计的核心 CPI 不受暂时冲击的影响，反映了 CPI 的长期趋势，能够很好地反映货币供给的变化。同时检验了估计的核心 CPI 的合理性。

综上所述，与 CPI 相比，核心 CPI 具有较小的波动性，能够更好地反映当前的经济形势。如果将核心 CPI 应用于实际工作中，并且与 CPI 同时公布，同时关注核心通货膨胀的动态调整，及时调整货币政策，不仅有利于公众更好地了解国家政策，提高政策的透明度和可行性，而且可以对未来的通货膨胀做出更好的预测。

第四章
核心通货膨胀度量方法的评价研究

在第二章和第三章中，我们已对核心通货膨胀的含义、各种度量方法及特性进行了详细描述，并采用不同的方法度量了我国的核心CPI，很明显地看出由于度量核心通货膨胀的各种方法均存在各自的优点和不足，因此，度量的结果也存在一定差异。在众多度量方法中，究竟哪种度量方法更适合度量我国的核心CPI、哪种核心CPI更适于作为我国通货膨胀调控的中介目标，以及哪种核心CPI能够作为反映CPI长期趋势的最优指标？本章将对上述问题进行较为全面深入的定性和定量研究。

我们已经了解了各种度量核心通货膨胀方法的具体表达形式及应用，因此有必要建立一定的准则，使得各国家或地区能够根据具体的实际经济情况，选择最适合的方法度量核心通货膨胀，从而制定合理有效的货币政策。由于影响通货膨胀的经济和社会因素的多样性及形成原因的复杂性，要十分准确地区别通货膨胀中的长期趋势成分和短期趋势成分比较困难。因此，无论对于学术界还是国家统计部门而言，如何准确地度量核心通货膨胀都是难以解决的问题。目前，许多国家已经采用不同的方法对本国的核心通货膨胀进行度量，并且根据不同的标准对其进行了选择，但是并没有一致的、共识的选择标准可

以应用，那么如何选择最适合的方法度量核心通货膨胀呢？Lafleche
（1997）和 Cogley（2002）提出了一种综合考虑各种度量方法的思路，
从而对度量核心通货膨胀的方法进行选择。

Lafleche（1997）认为首先使用本章阐述的一系列不同方法度量
核心通货膨胀，如果各种方法度量的结果均指向相同的方向，就可以
认为该方向反映了标题通货膨胀的长期变动趋势，这种趋势可以为制
定货币政策提供有力的理论信息；如果各种方法的度量结果之间互相
矛盾或所反映的标题通货膨胀的长期趋势不具有一致性，则需要进一
步分析各种结果产生的不同原因，以更好地明确制定货币政策应该参
考哪种度量方法的结果。美国劳工统计局（BLS）定期发布剔除食
品、剔除能源、剔除食品和能源、剔除居住以及剔除医疗等多种价格
指数，为不同政策的制定提供需要。哥伦比亚国家统计部门也曾发布
四种核心通货膨胀指标的均值，为制定相应的政策提供信息需要。
Cogley（2002）拓展了 Lafleche（1997）的研究思路，他认为可以将
各种方法度量的核心通货膨胀结果进行加权平均，以充分利用不同度
量结果所包含的通货膨胀中的长期趋势信息，也可以从不同角度对各
种度量方法进行选择。例如，Cogley（2002）根据所研究样本期内各
个回归方程的拟合度对度量方法进行选择，Bryan 和 Cecchetti（1994）
研究核心通货膨胀的边际样本内预测和样本外预测的能力对度量方法
进行选择，而 Clark（2001）从度量方法的复杂性、反映通货膨胀变
化趋势及样本内预测方面选择度量核心通货膨胀的方法。一个国家或
地区采用不同的方法度量其核心通货膨胀时，使用不同标准所选择的
最优度量方法也不尽相同，甚至采用同样的标准选择最优的度量方法
时，最优的度量方法也会随样本区间的变化而变化。

Rich 和 Steindel（2007）、Armas 等人（2009）、Guinigundo（2009）、
Leung 等人（2009）及 Wiesiolek 和 Kosior（2009）采用不同的标准检验不

同的核心通货膨胀。这些标准主要包括：

1. 度量方法的透明性；

2. 度量结果的可信度；

3. 数据的一致性（即核心通货膨胀的均值接近标题通货膨胀的均值，并且核心通货膨胀的波动性低于标题通货膨胀的波动性）；

4. 所包含的信息内容（即核心通货膨胀中包含更多的有用信息）；

5. 标题通货膨胀与核心通货膨胀之间存在协整关系；

6. 核心通货膨胀对样本内预测和样本外预测的能力。

由此可知，理想的核心通货膨胀指数应该是无偏的、具有较低的波动性、可用于预测未来的通货膨胀、能够反映 CPI 的长期变动趋势、与决定通货膨胀的宏观经济变量有密切关系、易于公众理解以及较小的易变性。

许多学者对不同国家的核心通货膨胀进行度量的同时，也采用了不同的检验方法对各种核心通货膨胀进行定性分析和统计检验。Bihan & Sedillot（2000）和 Bihan & Sedillot（2002）分别采用剔除法、修剪均值法及 SVAR 模型法等 5 种方法根据 CPI 数据度量法国的核心通货膨胀，并检验了各种核心通货膨胀对标题通货膨胀的预测能力，结果显示，样本期内核心通货膨胀是标题通货膨胀的 Granger 原因，而修剪均值法的预测能力较强。[1][2]

Marquesa 等人（2000）根据 CPI 数据采用剔除法（剔除食品和能源）、修剪均值法和加权中位数法度量了美国的核心通货膨胀并进行

---

[1]　Bihan, Herve le et al. "Do Core Inflation Measures Help Forecast Inflation? Out-of-Sample Evidence from French Data". *Economics Letter*, 2000, 69, 261–266.

[2]　Bihan, Herve le et al. "Implementing and Interpreting Indicatiors of Core Inflation-the Case of France". *Empirical Economics*, 2002, 27, 473–497.

了统计检验，结果表明，修剪均值法和加权中位数法能够有效地度量核心通货膨胀，而剔除法相对较弱。[①]

Dixon 和 Lim（2004）根据 CPI 数据采用剔除法、修剪均值法及卡尔曼滤波法等方法度量澳大利亚的核心通货膨胀，并做了相应的统计检验，结果表明，只有采用卡尔曼滤波法度量的核心通货膨胀能够通过这些检验。[②]

本章我们将从核心通货膨胀度量方法的期望性质、追踪通货膨胀趋势值、平稳性、与 CPI 的相关性、波动性、协整关系及因果关系等方面比较我国在样本期内（2001 年 1 月至 2011 年 4 月）各种核心 CPI 度量方法的相对优劣，其中期望性质属于定性标准，其他的选择标准属于统计标准。所谓最优核心通货膨胀度量方法的选择在很大程度上依赖于使用者的目的和需要，中央银行制定货币政策过程中的需要及目的。

第一节　核心通货膨胀度量方法的期望性质

Roger（1998）指出恰当的核心通货膨胀的度量方法应当具有时序性（Timely）、可信度（Credible）、易于被公众理解性（Easily Understood by the Public）及无偏性（Unbiased），并且度量方法的选择必须在一定程度上以对价格指数的理解程度为基础。

可信度是最重要的衡量标准之一，设定通货膨胀目标的目的是设定通货膨胀目标预期。消费者和生产者根据所预期的通货膨胀大小决

---

① Marques, C. R. et al. "Evaluating Core Inflation Measures". Bank of Portugal, Working Paper, No. 300, 2000（4）.

② Dixon, Robert et al. "Underlying Inflation in Australia: Are the Existing Measures Satisfactory". *Economic Record*, 2004, 80（251）, 373–386.

定买与卖的多少。如果通货膨胀的预期是错误的或存在较大的偏差，那么经济将不能够有效地运行。而且如果公众对 CPI 的数据缺少信任，那么通货膨胀目标的设定就毫无意义。中央银行为什么根据 CPI 而不是 PPI 等其他经济指标设定通货膨胀目标呢？原因在于 CPI 具有较高的可描述性及更新的及时性。

Wynne（1999）在 Roger 的评价体系基础上，认为核心通货膨胀的度量方法应当包含以下特征：

（1）时效性（Computable in Real Time）：是指基于以往和当期公布的统计数据，根据所采用的度量方法能够及时计算出以往和当期的核心通货膨胀率。及时度量核心通货膨胀是十分重要的，这样政府决策部门才能够根据度量的核心通货膨胀及时有效地做出正确的决策。从第三章的研究结果来看，只有指数平滑法利用了变量的前置值和滞后值，其及时可算性效果较弱，而其他度量方法基本满足及时可算性。

（2）前瞻性（Forward - Looking）：是指度量的核心通货膨胀对未来通货膨胀变动具有可预测的能力，对货币政策的制定提供可靠依据。如果采用某种量方法度量的核心通货膨胀能够较好地预测未来的通货膨胀，则该度量方法具有前瞻性，否则不具有前瞻性。

（3）理论基础（Theoretical Basis）：货币主义理论认为通货膨胀是一种货币现象，但通常用于衡量通货膨胀水平的 CPI 不仅会受到货币冲击的影响，而且还会受到实际冲击的影响，如果核心通货膨胀的度量方法能够排除货币冲击以外的实际冲击对价格水平的影响，则度量的核心通货膨胀就是一种货币现象，从而具备理论基础。

（4）稳健性或不易变动性（History Does not Revisions）：是指采用该方法度量的核心通货膨胀数据不会根据样本长度的改变而改变。如果核心通货膨胀数据随样本长度的改变而不断调整，则该方法不具有稳健性。稳健性对宏观经济政策的制定较为重要，如果度量结果经常随时间的调整而变动，那么其应用价值十分有限。

（5）易于公众理解性（Understandable by Public）：是指核心通货膨胀的度量方法原理能够被不具有专业统计知识的公众所理解和接受。公众对通货膨胀的预期对未来通货膨胀水平有重要影响，只有了解核心通货膨胀的含义及原理，才能够理解通货膨胀的长期趋势并没有标题通货膨胀所显示的那么高，进而降低对未来通货膨胀水平的预期，使得中央银行的货币政策得以充分发挥作用。

上述核心通货膨胀度量方法的特征并不是完全绝对的，不同的政策决策部门可以根据不同的目的和需要侧重于不同特征。根据度量核心通货膨胀的目的可以将上述特征分为两类：其一是为了政策评价而定义一个通货膨胀目标，其二是为了有助于预测和达到一个通货膨胀目标而制定政策。前者体现了度量方法的可信度、易于理解度、熟悉度、透明度、及时可算性和稳健性的重要性，后者则体现了度量方法的前瞻性及提供政策分析的重要性。上述核心通货膨胀度量方法的各种预期特征的重要性是可变的，例如，如果一个国家发生政治或经济的转变，那么度量方法预期特征选择的重要性是源于数据测量的可信度而不是统计计算标准。因此，尽管一些度量方法具有多种特性，但还是需要根据不同国家或地区的具体情况而定。

Wynne（1999）、Vega 和 Wynne（2003）强调如果从中央银行度量潜在通货膨胀（核心通货膨胀）的目的是为了与公众更好地交流以及向公众解释政策和决策，那么，核心通货膨胀的度量方法应该具有时效性、易于公众理解性、稳健性、前瞻性及理论基础等期望性质。本章所阐述的核心通货膨胀各种度量方法的期望性质比较结果参见表 4-1。

表4-1 各种核心通货膨胀度量方法的期望性质比较

度量方法	时效性	易于公众理解性	稳健性	前瞻性	理论基础
剔除法	具 有	具 有	具 有	不具有	不具有
加权中位数法	具 有	可能具有	具 有	不具有	不具有
修剪均值法	具 有	具 有	具 有	不具有	不具有
平滑法	可能具有	不具有	可能具有	不具有	不具有
方差权重法	具 有	不具有	不具有	不具有	不具有
惯性权重法	具 有	可能具有	具 有	具 有	不具有
SVAR 模型	具 有	不具有	不具有	具 有	具 有
共同趋势模型	具 有	不具有	不具有	具 有	不具有
BGS 状态空间	具 有	不具有	具 有	具 有	具 有
DFI 模型	具 有	不具有	不具有	具 有	具 有

从表4-1可以看出，本章所提到的各种核心通货膨胀的度量方法中，没有任何一种度量方法同时满足具有时效性、易于公众理解性、稳健性、前瞻性和理论基础等期望性质。因此，进一步完善现有的度量方法并提出更具科学性的新方法是有必要的。

国内学者徐奕（2006）、黄燕和胡海鸥（2006）在 Wynne（1999）、Vega 和 Wynne（2003）研究分析的基础上，也对核心通货膨胀度量方法的期望性质进行了分析。Smith（2007）也指出度量方法同时满足上述期望性质并不容易，由于货币政策决策部门采用的核心通货膨胀度量方法会直接影响公众对未来通货膨胀和货币政策的预期，因此从政策决策部门的实际应用角度来讲，核心通货膨胀度量方法的及时性和易于公众理解性特征最重要。上述核心通货膨胀度量方法的期望性质具有一定的主观性，它们之间的界定也并不清晰和明确，因此还需要进一步采用统计方法对核心通货膨胀度量方法进行选择和评价。

第二节　基于统计分析的度量方法比较

从统计特征而言，统计准则的选择与如何有效地度量核心通货膨胀之间是紧密相关的。恰当的统计准则有助于从客观角度选择最优度量方法，然而统计准则的复杂性和多样性对选择的透明性、公众可接受性都有一定影响。但总体而言，统计检验更具有客观性和准确性。以下我们将采用不同的统计方法（平稳性检验、无偏性检验、协整检验及 Granger 因果关系检验）对样本期内（2001 年 1 月至 2011 年 4 月）我国的各种核心 CPI 进行检验，从而对核心 CPI 的各种度量方法进行综合性选择。

对可控性而言，Blinder（1997）表明"是否从标题通货膨胀中剔除掉食品和能源成分有赖于近期食品与能源价格指数的变动是否有利于预测未来通货膨胀，将剔除食品和能源后的通货膨胀作为制定相关政策的目标，不是因为它们具有较强的价格波动性，而是食品和能源的价格在很大程度上不受中央银行的控制"。Porrado 和 Velasco（2001）对由于 CPI 中包含了非本国生产的食品和能源而使得 CPI 的测量不恰当问题发表了同样的观点。因此，一方面，中央银行应该控制通货膨胀中的可控部分，将非可控部分予以排除；另一方面，设定通货膨胀目标就是设定通货膨胀预期，将该预期应用于中央银行所能控制的 CPI 中的大部分商品和服务（Hill，2006）。

为表述方便，本章采用将剔除法、20% 修剪均值法、30% 修剪均值法、非对称修剪均值法、加权中位数法、指数平滑法、SVAR 模型法、共同趋势模型法、方差权重法、惯性权重法、BGS 状态空间模型法及 DFI 模型法度量的核心通货膨胀表示为：EX_ Core、TM20_ Core、TM30_ Core、TM_ Core、WM_ Core、ES_ Core、SVAR_ Core、Com_ Core、Var_ Core、Ine_ Core、BGS_ Core 及 DFI_ Core。

　　平稳性检验的目的是确定所得的各种核心 CPI 序列是否与 CPI 序列同阶，如果在样本期间内，CPI 序列是一阶单整即 $I(1)$，那么估计的核心 CPI 序列也是 $I(1)$ 才有意义。本章采用 ADF 检验法检验 CPI 和各种核心 CPI 的平稳性，同时检验各种核心 CPI 与 CPI 的相关性，检验结果如下：

表 4 - 2　核心 CPI 平稳性及与 CPI 相关性检验

核心 CPI	核心 CPI 差分次数		与 CPI 的相关系数
	0 阶（p 值）	1 阶（p 值）	
CPI	0.2018	0.0000	1.000
EX_ Core	0.3369	0.0000	0.7562
TM20_ Core	0.2163	0.0000	0.9812
TM30_ Core	0.0241	0.0000	0.8197
TM_ Core	0.0930	0.0000	0.7317
WM_ Core	0.2871	0.0000	0.8324
ES_ Core	0.0029	0.0000	0.6644
SVAR_ Core	0.6210	0.0000	0.9752
Com_ Core	0.2961	0.0000	0.9779
Var_ Core	0.9142	0.0000	0.7008
Ine_ Core	0.2492	0.0000	0.9645
BGS_ Core	0.1755	0.0000	0.9845
DFI_ Core	0.1982	0.0000	0.9329

　　从表 4 - 2 可以看出，在 5% 显著水平下，样本期间内 CPI 序列是不平稳序列且为 $I(1)$，除采用指数平滑法度量的核心 CPI 序列是平稳的外，其余核心 CPI 序列均是非平稳序列且都是 $I(1)$，经过一阶差分后均变为平稳序列，这与 Freeman（1998）采用剔除法和加权中位数法度量的核心通货膨胀平稳性检验结果相一致。CPI 序列的平稳性根据时间段和观测值频率的不同而不同，所以结论也不尽相同。经

检验，各种核心 CPI 与 CPI 的相关系数都比较高，采用加权中位数法和方差权重法度量的核心 CPI 与 CPI 的相关性最小。但结果均表明核心 CPI 与 CPI 之间存在比较稳定的关系。

由于核心 CPI 是滤出由短期供给冲击引起的 CPI 暂时波动成分的指标，因此合理的核心 CPI 应该是关于 CPI 的长期无偏估计，而核心 CPI 的均值必须接近 CPI 的均值。构造核心通货膨胀的目的之一是过滤掉标题通货膨胀中短期或暂时价格波动较大的商品成分，因此理论上讲，核心通货膨胀的波动性应小于标题通货膨胀的波动性。本章对样本期间内各种核心 CPI 的波动性进行分析，并与 CPI 的波动性进行比较。由表 4-2 可知，各种核心 CPI 序列均为平稳序列且为 $I(1)$，无偏性检验主要是通过 ADF 检验法检验序列（$\pi_t - \pi_t^{core}$）是否为零均值的平稳序列。在 10% 显著水平下，采用 ADF 检验法检验（$\pi_t - \pi_t^{core}$）的平稳性，通过 SIC 确定滞后阶数，检验结果如表 4-3 所示：

表 4-3 核心 CPI 波动性及无偏性检验

均 值		标准差	标准差与均值之比	（$\pi_t - \pi_t^{core}$）ADF 检验（p 值）
EX_ Core	100.0031	1.0944	0.0109	0.1492
TM20_ Core	102.1746	2.0412	0.0199	0.0886
TM30_ Core	101.8396	1.6581	0.0163	0.1254
TM_ Core	102.2019	1.7657	0.0173	0.0267
WM_ Core	101.1801	1.3763	0.0136	0.0498
ES_ Core	102.020	1.638	0.0161	0.0093
SVAR_ Core	101.550	1.722	0.0169	0.3245
Com_ Core	101.302	1.992	0.0197	0.0289
Var_ Core	99.654	0.789	0.0079	0.4054
Ine_ Core	101.079	1.587	0.0157	0.2992
BGS_ Core	100.737	1.069	0.0106	0.0582
DFI_ Core	100.558	0.848	0.0084	0.0340
CPI	102.153	2.359	0.0231	—

表 4 - 3 显示，各种核心 CPI 的波动性均明显小于 CPI 的波动性，其中绝对波动水平（标准差）最大的是 TM20_ Core，最小的是 DFI_ Core。由于序列波动性大小不仅与序列的标准差有关，还与该序列的均值相关，因此，本章采用标准差与均值之比反映各种核心 CPI 的相对波动程度，调整后的结果表明，Var_ Core 和 DFI_ Core 的相对波动性较小，相对波动性最大的仍是 TM20_ Core。通过对序列（$\pi_t - \pi_t^{core}$）单位根检验的结果表明，TM_ Core、WM_ Core、ES_ Core、Com_ Core、BGS_ Core 及 DFI_ Core 均是核心 CPI 的无偏估计，其余的核心 CPI 序列为有偏估计。

Marques、Neves 和 Sarmento（2000）从检验核心通货膨胀与通货膨胀之间是否存在协整关系的角度来评价核心通货膨胀度量方法的优劣，他们指出核心通货膨胀不仅与通货膨胀之间存在协整关系，并且长期内是通货膨胀的 Granger 原因及前导变量。协整理论表明：两个或两个以上非平稳时间序列进行某种组合后可以呈现出平稳性，该理论主要是在两个或多个非平稳时间序列之间寻找一种均衡关系，尽管序列之间可能仅存在短期的动态关系，但可以通过误差修正模型进行修正。一般来讲，长期内合理的核心 CPI 对 CPI 没有明显偏离，并且 CPI 将收敛于其潜在趋势（核心 CPI）。检验其收敛性特征等价于检验 CPI 与核心 CPI 之间是否存在协整关系。以下我们对核心 CPI 与 CPI 间的协整关系及因果关系进行检验。

上述核心 CPI 序列的平稳性检验表明，CPI 序列 π_t 与核心 CPI 序列 π_t^{core} 均为 1 阶单整序列，记为 $I(1)$，则 $\Delta\pi_t$ 与 $\Delta\pi_t^{core}$ 均为平稳时间序列。根据如下的误差修正模型检验标题通货膨胀 π_t 与核心通货膨胀 π_t^{core} 间的协整关系：

$$\Delta\pi_t = \sum_{i=1}^{m} a_i \Delta\pi_{t-i} + \sum_{i=1}^{n} b_i \Delta\pi_{t-i}^{core} + \beta_1(\pi_{t-1} - \pi_{t-1}^{core}) + \varepsilon_{1t} \quad (4-1)$$

$$\Delta \pi_t^{core} = \sum_{i=1}^{r} c_i \Delta \pi_{t-i} + \sum_{i=1}^{s} d_i \Delta \pi_{t-1}^{core} + \beta_2 (\pi_{t-1} - \pi_{t-1}^{core}) + \varepsilon_{2t} \quad (4-2)$$

由于标题通货膨胀率在长期内收敛于核心通货膨胀率，即存在误差修正模型，如果 $\pi_t < \pi_t^{core}$，则未来的 π_t 将会上升，如果 $\pi_t > \pi_t^{core}$，则未来的 π_t 将下降。因此，在模型（4-1）中误差修正项的系数应该是负的并且是显著的。而核心通货膨胀率并不会收敛于标题通货膨胀，即 π_t^{core} 是弱外生性的。更确切地说，π_t^{core} 是强外生性的，即在弱外生性的条件下，标题通货膨胀 π_t 的滞后差分项不影响核心通货膨胀 π_t^{core}。因此，要求模型（4-2）中的误差修正项系数是不显著的。

表 4-4　估计模型（4-1）与模型（4-2）的结果

核心 CPI	模型（4-1）误差修正项系数		模型（4-2）误差修正项系数	
EX_ Core	-0.0154	(-0.6995)	-2.52E-0.5	(-0.1026)
TM20_ Core	-0.1387	(-2.2971)	-0.0190	(-0.2308)
TM30_ Core	-0.0303	(-2.7007)	0.0466	(1.6278)
TM_ Core	-0.0232	(-3.5888)	0.0535	(1.8441)
WM_ Core	-0.0268	(-2.0612)	0.0408	(1.4327)
ES_ Core	-0.9084	(-2.8777)	0.1250	(1.50E+14)
SVAR_ Core	-0.0281	(-3.6121)	0.0086	(0.2881)
Com_ Core	-0.0121	(-4.3175)	0.0985	(1.0777)
Var_ Core	-0.0156	(-2.8255)	0.0057	(1.0062)
Ine_ Core	-0.0380	(-1.9749)	-0.0087	(-0.4476)
BGS_ Core	-0.0159	(-3.6674)	0.0238	(1.3664)
DFI_ Core	-0.0241	(-2.8121)	0.0417	(1.2631)

注：括号内是 t 检验。

表 4-4 的结果显示，在模型（4-1）中除 EX_ Core 外，其余核心 CPI 的误差修正项系数均为负且是显著的。这说明虽然 CPI 会暂时偏离核心 CPI，但 CPI 长期内将收敛于核心 CPI。除 EX_ Core 与

CPI 之间不存在协整关系外，其他核心 CPI 与 CPI 之间确实存在明显的协整关系。因此实证分析结果与理论是一致的。而模型（4 - 2）中，除 ES_ Core 外，其余核心 CPI 的误差修正项系数均不显著，说明核心 CPI 变动不依赖于 CPI 变动，是弱外生性的。

　　由于核心 CPI 与 CPI 序列之间存在协整关系，因此，进一步对核心 CPI 与 CPI 之间的 Granger 因果关系进行检验。检验结果（滞后 1 阶）见表 4 - 5。

表 4 - 5　Granger 因果检验结果

零假设	样本数	接受概率
EX_ Core 不是 CPI 的原因	124	0.0119
CPI 不是 EX_ Core 的原因	124	0.0012
TM20_ Core 不是 CPI 的原因	124	0.0218
CPI 不是 TM20_ Core 的原因	124	0.7005
TM30_ Core 不是 CPI 的原因	124	0.0013
CPI 不是 TM30_ Core 的原因	124	0.0775
TM_ Core 不是 CPI 的原因	124	0.0311
CPI 不是 TM_ Core 的原因	124	0.1008
WM_ Core 不是 CPI 的原因	124	0.0091
CPI 不是 WM_ Core 的原因	124	0.0040
ES_ Core 不是 CPI 的原因	124	0.0000
CPI 不是 ES_ Core 的原因	124	0.0005
SVAR_ Core 不是 CPI 的原因	124	0.0106
CPI 不是 SVAR_ Core 的原因	124	0.2192
Com_ Core 不是 CPI 的原因	124	0.0552
CPI 不是 Com_ Core 的原因	124	0.7650
Var_ Core 不是 CPI 的原因	124	0.0201
CPI 不是 Var_ Core 的原因	124	0.2523
Ine_ Core 不是 CPI 的原因	124	0.0320
CPI 不是 Ine_ Core 的原因	124	0.3362

零假设	样本数	接受概率
BGS_ Core 不是 CPI 的原因	124	0.0178
CPI 不是 BGS_ Core 的原因	124	0.2618
DFI_ Core 不是 CPI 的原因	124	0.0226
CPI 不是 DFI_ Core 的原因	124	0.1210

表 4 - 5 显示除共同趋势法度量的核心 CPI 不是 CPI 的 Granger 原因，其他核心 CPI 均是 CPI 的 Granger 原因，但 CPI 不是任何核心 CPI 的 Granger 原因。Freeman（1998）研究认为两者之间的因果关系是判断核心 CPI 是否具有预测 CPI 能力的依据，但因果关系仅能够说明序列之间直接、紧密的联系以及核心 CPI 是 CPI 的前导性指标，仅从这种关系判断核心 CPI 序列是否存在预测能力太片面了。

第三节　追踪通货膨胀趋势能力比较

各种核心 CPI 序列与 CPI 序列趋势值的偏差也是评价核心 CPI 优劣的一个重要标准。Bryan 等人（1997）、Cecchetti（1997）和 Clark（2001）研究认为，既然核心通货膨胀是通货膨胀中长期、稳定的趋势，那么通货膨胀必然围绕核心通货膨胀上下波动，因此可以根据核心通货膨胀追踪通货膨胀趋势（Tracking Trend Inflation）的能力对其进行评价。使用该标准选择最优核心通货膨胀的首要条件是构造一个反映通货膨胀长期趋势的参考序列，即 CPI 序列趋势值。其次是选择一个度量通货膨胀趋势与核心通货膨胀之间差异的标准。设通货膨胀序列的趋势值为 π_t^{Trend}，本章所采用的各种方法估计的核心通货膨胀为 π_t^{core}，常用的选择标准有均方根误差（Root Mean Squared Error，简称 RMSE）和绝对离差（Mean Absolute Deviation，简称 MAD）：

$$RMSE = \sqrt{\frac{\sum_{t=1}^{T}(\pi_t^{core} - \pi_t^{Trend})^2}{T}} \qquad (4-3)$$

$$MAD = \sqrt{\frac{\sum_{t=1}^{T}|\pi_t^{core} - \pi_t^{Trend}|}{T}} \qquad (4-4)$$

具有最小 RMSE 值或最小 MAD 值的 π_t^{core} 即为最优核心通货膨胀序列，而其对应的度量方法是最优度量方法。如果核心通货膨胀能够追踪通货膨胀的趋势，则可以提高它对货币政策的指导能力。该标准的准确性及关键问题是选取的通货膨胀趋势值是否恰当，计算通货膨胀趋势值的主要方法有中心移动平均法和滤波法，中心移动平均法的主要目的是在时间序列分解过程中得到序列的趋势项，而滤波的估计方法可以直接区分出季节性成分、周期性成分及残差成分。

Bryan & Cecchetti（1994）和 Bryan、Cecchetti & Wiggins（1997）采用 36 个月通货膨胀序列的中心移动平均值作为参考序列，然后采用 RMSE 准则对各种核心通货膨胀进行选择，得到较好的结果。Cecchetti（1997）运用不同度量方法度量美国 1982 年 1 月至 1996 年 4 月的月度核心通货膨胀，同样使用 36 个月通货膨胀序列的中心移动平均值作为参考序列，并采用 RMSE 准则进行选择，结果表明，运用 10% 修剪均值法度量的核心通货膨胀序列最优。Kearns（1998）在研究澳大利亚的核心通货膨胀时，采用通货膨胀序列的平滑均值作为参考指标并运用 RMSE 准则进行检验，结果表明，采用加权中位数法度量核心通货膨胀序列最优。

本章采用 H-P 滤波法计算我国 CPI 同比增长率序列的趋势值，并将其作为参考序列，然后分别计算各种核心 CPI 序列的 RMSE 值，结果参见表 4-6。

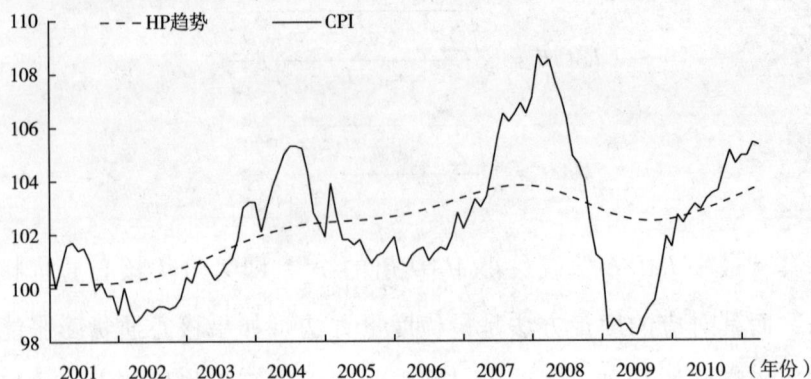

图 4 - 1   CPI 与 HP 趋势值

表 4 - 6   各种核心 CPI 的 RMSE 值

核心 CPI	RMSE 值
EX_ Core	0. 6963
TM20_ Core	1. 6139
TM30_ Core	1. 3278
TM_ Core	0. 9017
WM_ Core	1. 0052
ES_ Core	1. 1497
SVAR_ Core	1. 0100
Com_ Core	1. 4913
Var_ Core	0. 9423
Ine_ Core	1. 0338
BGS_ Core	1. 0095
DFI_ Core	0. 7969

　　表 4 - 6 给出了通过 H - P 滤波法计算 CPI 趋势值后得到的各种核心 CPI 序列的 RMSE 值，计算的 RMSE 值越小，表明估计的核心 CPI 越稳健，越能够追踪到 CPI 的长期趋势。从计算结果可以看出，EX_ Core、TM_ Core、Var_ Core 及 DFI_ Core 的 RMSE 值较小，其次为 SVAR_ Core 和 BGS_ Core，而 TM20_ Core 和 Com_ Core 的 RMSE 值

最大，即 EX_ Core、TM_ Core、Var_ Core 及 DFI_ Core 更能够追踪到 CPI 的长期趋势。

第四节　产出缺口与核心 CPI 的关系分析

通货膨胀是由多种宏观经济因素共同作用的结果，而核心通货膨胀体现了通货膨胀的长期趋势成分，并能够追踪通货膨胀的趋势。因此，决定通货膨胀的宏观经济因素与核心通货膨胀之间存在紧密的联系，尤其与产出缺口的滞后项之间存在明显关系。本章采用工业增加值同比增长率（当月）的月度数据计算产出缺口，首先将该时间序列进行季度调整，然后使用 H－P 滤波法估计调整后数据的潜在趋势即为产出缺口，记为 y_t^{gap}。分别对滞后 1、3、6、9、12、15 和 18 期产出缺口与核心 CPI 的因果关系进行检验。Granger 因果检验的原假设为：在 10% 显著水平下，产出缺口 y_t^{gap} 不是引起核心 CPI 的原因。检验结果如下：

表 4－7　产出缺口与核心 CPI 的因果检验

核心 CPI	预测水平						
	1	3	6	9	12	15	18
EX_ Core	0.0108	0.0177	0.0293	0.0655	0.2521	0.0431	0.0400
TM20_ Core	0.0674	0.0017	0.0007	0.0150	2. E－0. 5	0.0063	0.0394
TM30_ Core	0.0283	0.0035	0.0356	0.0832	0.0870	0.1198	0.1939
TM_ Core	0.0342	0.0045	0.0606	0.1211	0.2094	0.1714	0.1923
WM_ Core	0.8570	0.1265	0.2500	0.5274	0.6002	0.8057	0.0379
ES_ Core	0.0028	0.0008	0.0002	0.0002	0.0061	0.0031	0.0096
SVAR_ Core	0.0731	0.0005	0.0008	0.0373	0.0007	0.0314	0.0581
Com_ Core	0.4204	0.0015	0.0186	0.0220	0.0916	0.2192	0.1972

核心 CPI	预测水平						
	1	3	6	9	12	15	18
Var_ Core	0. 0764	0. 3786	0. 1509	0. 4563	0. 5340	0. 0041	0. 0009
Ine_ Core	0. 0495	0. 0044	0. 0001	0. 0050	0. 0021	0. 0073	0. 0222
BGS_ Core	0. 0934	0. 0273	0. 0114	0. 2313	0. 1896	0. 0852	0. 1509
DFI_ Core	0. 0632	0. 0168	0. 0110	0. 4274	0. 3869	0. 0358	0. 0541

表 4 - 7 的检验结果显示，TM20_ Core、ES_ Core、SVAR_ Core、Ine_ Core 与产出缺口 y_t^{gap} 之间存在较强的因果关系，其他核心 CPI 分别与产出缺口 y_t^{gap} 不同滞后项之间存在因果关系，而 WM_ Core 和 Var_ Core 与 y_t^{gap} 的因果关系较弱。这说明核心 CPI 与决定 CPI 的产出缺口之间存在一定的关系。

第五节　小结

本章从核心通货膨胀度量方法的期望性质、追踪通货膨胀趋势值、平稳性、与 CPI 的相关性、波动性、协整关系及因果关系等方面比较了不同核心通货膨胀序列的优劣。尽管核心通货膨胀的度量方法具有多样性，但任何一种度量方法都不能同时满足时效性、易于公众理解性、稳健性、前瞻性和具备理论基础等期望性质，但从政策决策者的角度来讲，度量方法的时效性和易于公众理解性是最重要的，剔除法和修剪均值法在这两个期望性质方面表现得比较突出。

尽管各种度量核心通货膨胀的方法不尽相同，但各种核心 CPI 均实现了降低 CPI 绝对波动水平的目的。考虑到绝对波动水平可能与均值有关，因此，通过两者的比值计算核心 CPI 的相对波动水平，结果表明，各种核心 CPI 的相对波动程度均小于 CPI 的波动程度。而各种核心 CPI 的无偏性检验结果表明，TM_ Core、WM_ Core、ES_ Core、Com_ Core、BGS_ Core 及 DFI_ Core 均是核心 CPI 的无偏估计，其余的核心 CPI 序列为有偏估计。

在样本期间内，采用 H－P 滤波法计算 CPI 序列的趋势值，然后获得各种核心 CPI 的 RMSE 值，结果显示，Var_ Core 和 DFI_ Core 的 RMSE 值较小，其次为 BGS_ Core 和 EX_ Core。通过两个误差修正模型对各种核心 CPI 与 CPI 的协整关系进行研究，结果表明，除 EX_ Core 与 CPI 之间不存在协整关系外，其他核心 CPI 与 CPI 均存在协整关系，并且说明了核心 CPI 的变化不依赖于 CPI 的变化，是外生变量。而各种核心 CPI 与 CPI 的 Granger 因果关系检验表明：除 Com_ Core 不是 CPI 的 Granger 原因外，其他核心 CPI 均是 CPI 的 Granger 原因，但 CPI 不是任何核心 CPI 的 Granger 原因，说明核心 CPI 是 CPI 的前导性指标。

由于 CPI 是由多种宏观经济指标决定的，而核心 CPI 体现了 CPI 的长期趋势，那么核心 CPI 与决定 CPI 的宏观经济指标如产出缺口之间存在一定的因果关系。因此，本章对各种核心 CPI 与产出缺口滞后项之间的关系进行了检验，结果表明：TM20_ Core、ES_ Core、SVAR_ Core、Ine_ Core 与产出缺口之间的关系较强，其他的核心 CPI 分别与产出缺口不同滞后项存在因果关系，而 WM_ Core 和 Var_ Core 与产出缺口间的因果关系最弱。

综上可知，无论是定性分析还是定量分析，从各种评价标准结果来看，我国的任何一种核心 CPI 都不能够满足所有检验标准。因此，研究者或政策制定者可以根据不同的目的和需要选取不同的选择标准，或赋予不同标准不同的权重，综合考虑核心 CPI 的各项特征，以便得到最适合的核心通货膨胀指数。

第五章
核心通货膨胀的预测能力研究

　　货币政策对经济的影响和作用具有明显的滞后性，因此，政策决策部门在制定货币政策时应该表现出一定的前瞻性。如果度量的核心通货膨胀能够较好地预测未来的标题通货膨胀，那么它就可以为货币政策的制定提供指导性建议。尽管核心通货膨胀可以体现出目前潜在的通货膨胀水平，但是货币政策决策部门更加关注的是未来通货膨胀的变化趋势。度量核心通货膨胀最重要的目的在于它可以对未来的通货膨胀进行预测。目前，众多文献都是通过对核心通货膨胀的度量来研究和预测未来通货膨胀的走势。例如，Cogley（2002）在研究核心通货膨胀度量方法合理性的基础上，提出并估计了可作为中期标题通货膨胀预测指标的核心通货膨胀指数。

　　Smith（2007）也对核心通货膨胀的预测能力进行了研究。Rich和Steindel（2005）根据美国的 PCE（Personal Consumption Expenditure，个人消费支出价格指数）和 CPI 数据分别采用剔除法、加权中位数法以及指数平滑法度量了核心通货膨胀，并从跟踪通货膨胀趋势和预测标题通货膨胀的能力两方面对度量的核心通货膨胀进行比较分析，结果表明，不同的样本区间、不同的标题通货膨胀及不同的评价标准得到的结论不同，因此无法找到最优的核心通货膨胀。

Down 等人（2010）根据 CPI 数据分别采用剔除法、修剪均值法、平滑法和小波法度量了美国的核心通货膨胀，并进行了基本的统计检验、追踪通货膨胀趋势检验以及预测未来标题通货膨胀能力的比较，检验的结果发现小波法度量的核心通货膨胀在上述标准中表现较优。

Song（2005）、Stavrev（2010）和 Tierney（2011）等人的文献中也强调了核心通货膨胀预测未来标题通货膨胀的能力。

第一节　基于核心通货膨胀预测通货膨胀的方法

度量核心通货膨胀的重要意义及目的在于它可以对未来的通货膨胀进行预测。关于核心通货膨胀是通货膨胀中长期、稳定的趋势成分，与标题通货膨胀相比包含了更多关于未来通货膨胀趋势的信息。关于核心通货膨胀预测能力的研究方法的共同思想是标题通货膨胀与核心通货膨胀的偏离是暂时的，而长期来讲，标题通货膨胀序列逐渐向核心通货膨胀序列靠拢，并最终收敛于核心通货膨胀。因此，检验核心通货膨胀预测能力的主要依据是在当前标题通货膨胀的基础上，考察核心通货膨胀中包含了多少关于未来标题通货膨胀的信息，并且验证标题通货膨胀与核心通货膨胀的偏离是暂时的。

在国内外学术界，采取哪种模型或方法检验核心通货膨胀预测未来通货膨胀的能力是一个至关重要的问题，同时对此也存在很多争议。目前根据核心通货膨胀预测未来通货膨胀的预测模型主要有如下几种形式：

Bryan 和 Cecchetti（1993）采用如下回归模型检验核心通货膨胀预测标题通货膨胀的能力：

$$\pi_t = \alpha_h + \beta_h \pi_{t-h}^{core} + \varepsilon_t$$

其中 π_t 是标题通货膨胀，π_{t-h}^{core} 为滞后 h 期的核心通货膨胀，ε_t 为白噪声序列。

Lafleche（1997）提出采用以下自回归（AR）模型选择出最适合预测未来通货膨胀的核心通货膨胀度量方法：

$$\pi_t = \alpha_h + \sum_{i=1}^{h} \beta_i \pi_{t-i}^{core} + \varepsilon_t \tag{5-1}$$

其中 π_t 是标题通货膨胀，π_{t-i}^{core} 为滞后 i 期的核心通货膨胀，ε_t 为白噪声序列，根据 BIC 或 AIC 准则选择最优滞后阶数，具有最高 $\bar{R}^2$ 的回归模型所对应的核心通货膨胀即为最优核心通货膨胀。

与上述检验模型不同，Marques 等人（2000）认为最优的预测估计应该依据绝对值而不是相对值，具体检验过程如下，首先估计如下回归模型：

$$\pi_t = \alpha + \beta \pi_{t-12}^{core} + \varepsilon_t$$

然后根据以下公式计算 $\hat{\pi}_t$ 的标准差：

$$SE(\hat{\pi}_t) = \sqrt{\sigma\left(1 + \frac{1}{n} + \frac{(\pi_{t-12}^{core} - \overline{\pi}_{t-12}^{core})}{\sigma_{\pi_{t-12}^{core}}^2}\right)} \tag{5-2}$$

使得 $\hat{\pi}_t$ 具有较小标准差所对应的核心通货膨胀度量方法作为最有助于预测未来通货膨胀的方法。可以进一步将滞后通货膨胀序列与滞后核心通货膨胀序列加入模型以检验核心通货膨胀的预测能力，模型的具体形式如下：

$$\pi_t = \alpha_0 + \sum_{i=1}^{n} \alpha_i \pi_{t-i} + \sum_{i=1}^{n} \beta_i \pi_{t-i}^{core} + \varepsilon_t \tag{5-3}$$

如果 $\sum_{i=1}^{n} \beta_i$ 的值显著为正（Wald 检验），就表明滞后核心通货膨胀有助于未来通货膨胀。Culter（2001）采用了模型（5-3）对不同方法度量的各种核心通货膨胀序列进行了预测能力比较，结果表明，在预测未来通货膨胀方面，惯性权重法优于有限影响估计法（剔除法、修剪均值法及加权中位数法）。

Clark（2001）和 Cogley（2002）的研究认为，检验核心通货膨胀的预测能力应该重点关注标题通货膨胀对核心通货膨胀的偏离程度（$\pi_t - \pi_t^{core}$）对未来标题通货膨胀的影响。如果偏离程度（$\pi_t - \pi_t^{core}$）较大，即某部门特有的冲击或暂时性冲击导致某种商品价格大幅度的上涨，由于这种价格的上涨是暂时性的，因此预测未来标题通货膨胀时该偏差将回落。目前根据核心通货膨胀预测样本内与样本外通货膨胀使用最广泛的预测模型是：

$$\pi_{t+h} - \pi_t = \alpha_h + \beta_h(\pi_t - \pi_t^{core}) + \varepsilon_{t+h} \tag{5-4}$$

其中 π_t 和 π_t^{core} 分别是 t 时刻通货膨胀率和核心通货膨胀率，ε_{t+h} 为白噪声。如果按 Bryan 和 Cecchetti（1994）定义的核心通货膨胀——通货膨胀中持久、稳定的成分，那么核心通货膨胀可以表示为：

$$\pi_t^{core} = E(\pi_{t+h} \mid I_t)$$

其中 I_t 是 t 期的信息集，根据 Bryan 和 Cecchetti 的定义，模型（5-4）的对参数约束为：$\alpha_h = 0$ 和 β_h 为负数。对此，我们需要关注 β_h 的估计值，因为它可以表明标题通货膨胀的暂时波动测量是否正确。长期内标题通货膨胀收敛于核心通货膨胀的速度依赖于 β_h 值的大小，如果 β_h 的绝对值越大，表明标题通货膨胀收敛到核心通货膨胀的速度越快。根据模型的拟合度及 β_h 的估计值选择预测能力较强的核心通货膨胀。该模型的优点在于容易被解释，即标题通货膨胀在 h 期的变化与标题通货膨胀和核心通货膨胀的缺口相一致。这个预测回归模型主要体现了目前标题通货膨胀与核心通货膨胀的偏差对未来标题通货膨胀的预测能力。Clark 等人（2001）认为这与货币政策决策者将核心通货膨胀的走势作为未来通货膨胀的走势的参考观念相一致。另一方面，可以根据核心通货膨胀度量的有效性对该回归模型的参数进行合理约束。

Clark（2001）、Hogan、Johnson & Lafleche（2001）、Culter（2001）、Macklem（2001）和 Cogley（2002）均采用模型（5-4）研究了核心通货膨胀对未来标题通货膨胀的预测能力。此后，Smith（2007）将该模型进行了扩展，将滞后通货膨胀项、滞后核心通货膨胀项以及一些影响未来标题通货膨胀的控制变量 X_t 加入到该模型（5-4）中：

$$\pi_{t+h} - \pi_t = \alpha_h + \beta_h(\pi_t - \pi_t^{core}) + \gamma_h X_t + \varepsilon_{t+h}$$

但 Ang、Bekaert 和 Wei（2007）研究表明仅包含过去通货膨胀序列的未来通货膨胀预测模型比包含其他经济变量或利率的预测模型的预测水平更准确。[1] Stock 和 Watson（2007）的研究结论也认为与包含其他经济变量的模型相比，单变量的通货膨胀预测模型具有较小的预测误差，即预测能力更强。

第二节 核心通货膨胀预测能力比较分析

根据上述研究结论，本章首先采用模型（5-4）研究我国核心 CPI 对未来 CPI 的预测能力。预测水平 h 分别设为第 1、3、6、9 和 12

---

① Ang, Andrew et al. "Do Macro Variables, Asset Markets, or Surveys Forecast Inflation Better?" *Journal of Monetary Economics* 54, 2007, 1163 - 1232.

期，表 5 - 1 显示模型（5 - 4）估计的拟合度 $\bar{R}^2$、β_h 的估计值及其 t 统计量。

表 5 - 1　模型（5 - 4）的估计结果

核心 CPI		预测水平				
		1	3	6	9	12
EX_ Core	$\bar{R}^2$	0.0211	0.0377	0.1221	0.2682	0.4572
	β_h	- 0.0262	- 0.1419	- 0.4222	- 0.8414	- 1.3187
		(- 0.7835)	(- 2.1601)	(- 4.0172)	(- 6.4357)	(- 9.6258)
TM20_ Core	$\bar{R}^2$	0.0025	0.0224	0.0551	0.1179	0.2192
	β_h	- 0.0570	- 0.3311	- 0.8549	- 1.6764	- 2.7454
		(- 0.5601)	(- 1.6518)	(- 2.6023)	(- 3.8871)	(- 5.5585)
TM30_ Core	$\bar{R}^2$	0.0000	0.0071	0.0266	0.0840	0.1816
	β_h	- 0.0033	- 0.0781	- 0.2494	- 0.5958	- 1.0518
		(- 0.0786)	(- 0.9224)	(- 1.7787)	(- 3.1293)	(- 4.9416)
TM_ Core	$\bar{R}^2$	0.0000	0.0024	0.0115	0.0501	0.1225
	β_h	0.0039	- 0.0401	- 0.1424	- 0.3995	- 0.7500
		(0.1067)	(- 0.5449)	(- 1.1618)	(- 2.4420)	(- 3.9200)
WM_ Core	$\bar{R}^2$	0.0064	0.0361	0.1306	0.2826	0.4581
	β_h	- 0.0273	- 0.1270	- 0.3993	- 0.7882	- 1.2058
		(- 0.8868)	(- 2.1119)	(- 4.1755)	(- 6.6734)	(- 9.6438)
ES_ Core	$\bar{R}^2$	0.0234	0.0284	0.0025	0.0185	0.1192
	β_h	0.0570	0.1238	0.0620	- 0.2257	- 0.6924
		(1.7054)	(1.8658)	(0.5469)	(- 1.4628)	(- 3.8599)
SVAR_ Core	$\bar{R}^2$	0.0006	0.0222	0.0995	0.2476	0.4346
	β_h	- 0.0163	- 0.1850	- 0.6506	- 1.3818	- 2.1993
		(- 0.2862)	(- 1.6451)	(- 3.5801)	(- 6.0990)	(- 9.1952)
Com_ Core	$\bar{R}^2$	0.0010	0.0018	0.0060	0.0514	0.1669
	β_h	0.0137	0.0368	- 0.1138	- 0.4588	- 1.0093
		(0.3555)	(0.4756)	(- 0.8436)	(- 2.4764)	(- 4.6944)

续表

核心 CPI		预测水平				
		1	3	6	9	12
Var_ Core	$\bar{R}^2$	0.0122	0.0652	0.1958	0.3945	0.6128
	β_h	-0.0380	-0.1728	-0.4958	-0.9466	-1.4164
		(-1.2264)	(-2.8819)	(-5.3154)	(-8.5806)	(-13.1957)
Ine_ Core	$\bar{R}^2$	0.0009	0.0534	0.1699	0.3588	0.5842
	β_h	-0.0596	-0.2841	-0.8379	-1.6360	-2.5062
		(-1.0559)	(-2.5910)	(-4.8742)	(-7.9518)	(-12.4342)
BGS_ Core	$\bar{R}^2$	0.0006	0.0421	0.1993	0.3479	0.5343
	β_h	-0.0081	-0.0923	-0.3250	-0.6903	-1.0990
		(-0.2841)	(-1.6428)	(-3.5778)	(-6.0953)	(-9.1905)
DFI_ Core	$\bar{R}^2$	0.0066	0.0923	0.1295	0.3076	0.4946
	β_h	-0.0281	-0.0785	-0.2353	-0.8009	-1.9836
		(-0.4862)	(-1.7452)	(-3.9807)	(-7.1989)	(-9.0912)

注：括号内为 t 统计量。

由表 5 - 1 可以看出，使用模型（5 - 4）基于 CPI 数据预测我国通货膨胀时，模型的拟合度均较小，WM_ Core、Var_ Core 及 Ine_ Core 中系数 β_h 从滞后第 3 期后显著为负，EX_ Core、TM20_ Core、SVAR_ Core、BGS_ Core 及 DFI_ Core 中系数 β_h 从滞后第 6 期后显著为负，而 ES_ Core 中系数 β_h 在滞后第 12 期后才显著为负。这说明采用该模型检验我国核心 CPI 对 CPI 的预测能力的效果不明显，并不十分合适。据此，本章提出更适合检验我国核心 CPI 对 CPI 的预测能力的模型，该模型具有恰当的理论基础和经济含义。

宏观经济变量之间的关系是错综复杂的，并且是相互影响的。CPI 作为一种公众熟知的消费价格指数，必然受到多种因素和冲击的影响，仅凭单一的核心 CPI 预测未来 CPI 是不现实的，至多将其作为一个有益于预测 CPI 的因子，因此，在预测未来 CPI 时需要考虑核心 CPI、CPI 等多种变量的协整关系。因此进一步证明了 Freeman（1998）的研究存在的明显不足：没有综合考虑多种因素对核心通货膨胀的共同影响。

根据核心通货膨胀的定义，核心通货膨胀反映了通货膨胀的长期、稳定的趋势成分，那么核心通货膨胀中必然包含了更多反映未来通货膨胀趋势的信息。尽管短期内通货膨胀序列与核心通货膨胀序列之间可能存在较大的差距，但长期来看通货膨胀有向核心通货膨胀靠近的趋势，并最终收敛于核心通货膨胀。也就是说，如果在 t 期核心 CPI 高于 CPI，即 $(\pi_t^{core} - \pi_t) > 0$，那么在 $t+h$ 期 CPI 必然上升，因此应该有 $(\pi_{t+h} - \pi_t) > 0$；如果核心 CPI 低于 CPI，即 $(\pi_t^{core} - \pi_t) < 0$，那么在 $t+h$ 期 CPI 将下降，必然有 $(\pi_{t+h} - \pi_t) < 0$。而 $(\pi_{t+h} - \pi_t)$ 的变动不仅与 $(\pi_t^{core} - \pi_t)$ 存在关系，还与 $(\pi_{t+h-1} - \pi_t)$ 存在一定的联系。为了验证 $(\pi_t^{core} - \pi_t)$ 与 $(\pi_{t+h} - \pi_t)$ 的关系，建立如下的模型研究本章所度量的各种核心 CPI 对 CPI 的预测能力：

$$\pi_{t+h} - \pi_t = \alpha_h(\pi_{t+h-1} - \pi_t) + \beta_h(\pi_t^{core} - \pi_t) + \varepsilon_{t+h} \qquad (5-5)$$

该模型实际上是一组误差修正模型，需要检验的是 $\beta_h > 0$ 的显著性。本章采用模型（5-5）分别计算各种核心 CPI 对 CPI 的预测方程的 R^2 值及 β_h 的置信区间。各种核心 CPI 的预测检验结果参见表 5-2 至表 5-13。

表 5 - 2 剔除法度量的核心 CPI 采用（5 - 5）式估计的结果

h	β_h	β_h 的 95% 的置信区间	R^2	h	β_h	β_h 的 95% 的置信区间	R^2
2	0.026	(− 0.0191, 0.0702)	0.607	10	0.039	(− 0.0122, 0.0889)	0.954
3	0.024	(− 0.0216, 0.0689)	0.775	11	0.041	(− 0.0108, 0.0918)	0.959
4	0.026	(− 0.0200, 0.0713)	0.849	12	0.036	(− 0.0167, 0.0887)	0.962
5	0.026	(− 0.0206, 0.0720)	0.889	13	0.016	(− 0.0372, 0.0686)	0.965
6	0.031	(− 0.0156, 0.0776)	0.914	14	0.010	(− 0.0435, 0.0635)	0.966
7	0.035	(− 0.0125, 0.0823)	0.930	15	0.011	(− 0.0434, 0.0647)	0.967
8	0.038	(− 0.0105, 0.0863)	0.941	16	0.007	(− 0.0482, 0.0612)	0.968
9	0.039	(− 0.0108, 0.0879)	0.949	17	0.007	(− 0.0476, 0.0622)	0.968

表 5 - 3 20% 修剪均值法的核心 CPI 采用（5 - 5）式估计的结果

h	β_h	β_h 的 95% 的置信区间	R^2	h	β_h	β_h 的 95% 的置信区间	R^2
2	0.104	(− 0.0903, 0.2989)	0.576	10	0.280	(0.0836, 0.4756)	0.962
3	0.116	(− 0.0773, 0.3089)	0.763	11	0.285	(0.0812, 0.4888)	0.965
4	0.117	(− 0.0740, 0.3086)	0.849	12	0.348	(0.1424, 0.5540)	0.970
5	0.103	(− 0.0908, 0.2964)	0.890	13	0.220	(0.0040, 0.4352)	0.969
6	0.140	(− 0.0540, 0.3340)	0.916	14	0.180	(− 0.0458, 0.4050)	0.970
7	0.153	(− 0.0431, 0.3489)	0.933	15	0.203	(− 0.0240, 0.4307)	0.973
8	0.181	(− 0.0150, 0.3770)	0.945	16	0.226	(− 0.0049, 0.4577)	0.974
9	0.273	(0.0787, 0.4667)	0.957	17	0.226	(− 0.0123, 0.4639)	0.974

表 5 - 4 30% 修剪均值法的核心 CPI 采用（5 - 5）式估计的结果

h	β_h	β_h 的 95% 的置信区间	R^2	h	β_h	β_h 的 95% 的置信区间	R^2
2	0.023	(− 0.0551, 0.1017)	0.573	6	0.048	(− 0.0307, 0.1261)	0.915
3	0.029	(− 0.0495, 0.1073)	0.762	7	0.058	(− 0.0202, 0.1366)	0.933
4	0.034	(− 0.0449, 0.1119)	0.848	8	0.077	(− 0.0012, 0.1556)	0.945
5	0.031	(− 0.0476, 0.1092)	0.889	9	0.113	(0.0342, 0.1910)	0.957

续表

h	β_h	β_h 的 95% 的置信区间	R^2	h	β_h	β_h 的 95% 的置信区间	R^2
10	0.117	(0.0333, 0.1901)	0.962	15	0.089	(0.0007, 0.1771)	0.973
11	0.109	(0.0315, 0.1883)	0.965	16	0.096	(0.0054, 0.1857)	0.974
12	0.134	(0.0538, 0.2146)	0.969	17	0.091	(0.0006, 0.1809)	0.974
13	0.095	(0.0145, 0.1753)	0.969	18	0.084	(-0.0139, 0.1821)	0.975
14	0.078	(-0.0101, 0.1663)	0.971	19	0.078	(-0.0223, 0.1777)	0.974

表 5-5　非对称修剪均值法的核心 CPI 采用（5-5）式估计的结果

h	β_h	β_h 的 95% 的置信区间	R^2	h	β_h	β_h 的 95% 的置信区间	R^2
2	0.019	(-0.0488, 0.0884)	0.573	12	0.114	(0.0454, 0.1826)	0.969
3	0.022	(-0.0177, 0.0607)	0.761	13	0.086	(0.0195, 0.1527)	0.970
4	0.023	(-0.0357, 0.0819)	0.848	14	0.071	(0.0006, 0.1418)	0.971
5	0.019	(-0.0396, 0.0780)	0.890	15	0.081	(0.0089, 0.1539)	0.973
6	0.037	(-0.0261, 0.0993)	0.915	16	0.090	(0.0158, 0.1648)	0.974
7	0.047	(-0.0162, 0.1092)	0.932	17	0.087	(0.0090, 0.1658)	0.975
8	0.066	(0.0008, 0.1301)	0.945	18	0.084	(0.0051, 0.1619)	0.975
9	0.098	(0.0313, 0.1645)	0.957	19	0.079	(0.0017, 0.1591)	0.975
10	0.095	(0.0304, 0.1598)	0.962	20	0.069	(-0.0117, 0.1491)	0.974
11	0.094	(0.0269, 0.1601)	0.965	21	0.051	(-0.0370, 0.1394)	0.973

表 5-6　加权中位数法度量的核心 CPI 采用（5-5）式估计的结果

h	β_h	β_h 的 95% 的置信区间	R^2	h	β_h	β_h 的 95% 的置信区间	R^2
2	-0.0003	(-0.0003, -0.0003)	0.573	9	-0.0003	(-0.0021, 0.0009)	0.954
3	-0.0002	(-0.0002, -0.0002)	0.778	10	-0.0003	(-0.0015, 0.0009)	0.959
4	-0.0001	(-0.0013, 0.0011)	0.852	11	-0.0003	(-0.0015, 0.0009)	0.963
5	-0.0001	(-0.0013, 0.0011)	0.888	12	-0.0003	(-0.0016, 0.0010)	0.967
6	-0.0001	(-0.0013, 0.0011)	0.914	13	-0.0005	(-0.0018, 0.0008)	0.968
7	-0.0001	(0.0033, 0.1127)	0.931	14	-0.0004	(-0.0017, 0.0009)	0.970
8	-0.0001	(-0.0013, 0.0011)	0.944	15	-0.0005	(-0.0018, 0.0008)	0.972

表5-7 指数平滑法度量的核心 CPI 采用 (5-5) 式估计的结果

h	β_h	β_h 的95%的置信区间	R^2	h	β_h	β_h 的95%的置信区间	R^2
2	-0.017	(-0.0854, 0.0502)	0.604	11	0.133	(0.0616, 0.2039)	0.963
3	0.008	(0.0599, 0.0761)	0.773	12	0.144	(0.0706, 0.2180)	0.966
4	0.029	(-0.0395, 0.0969)	0.848	13	0.100	(0.0227, 0.1775)	0.966
5	0.046	(-0.0222, 0.1138)	0.889	14	0.100	(0.0210, 0.1798)	0.968
6	0.064	(-0.0030, 0.1318)	0.915	15	0.108	(0.0265, 0.1895)	0.968
7	0.079	(0.0113, 0.1465)	0.932	16	0.112	(0.0142, 0.2100)	0.969
8	0.093	(0.0250, 0.1606)	0.943	17	0.118	0.0456	0.969
9	0.106	(0.0366, 0.1746)	0.952	18	0.118	0.0453	0.969
10	0.119	(0.0489, 0.1885)	0.958				

表5-8 SVAR 模型法度量的核心 CPI 采用 (5-5) 式估计的结果

h	β_h	β_h 的95%的置信区间	R^2	h	β_h	β_h 的95%的置信区间	R^2
2	0.039	(-0.0552, 0.1329)	0.605	9	0.123	(0.0196, 0.2273)	0.945
3	0.052	(-0.0421, 0.1461)	0.775	10	0.131	(0.0231, 0.2379)	0.956
4	0.068	(-0.0262, 0.1620)	0.850	11	0.134	(0.0223, 0.2457)	0.960
5	0.074	(-0.0221, 0.1699)	0.890	12	0.116	(0.0001, 0.2313)	0.963
6	0.089	(-0.0092, 0.1868)	0.915	13	0.086	(-0.0292, 0.2020)	0.965
7	0.104	(0.9400, 0.2018)	0.931	14	0.075	(-0.0443, 0.1948)	0.966
8	0.115	(0.0133, 0.2171)	0.942	15	0.070	(-0.0514, 0.1916)	0.967

表5-9 共同趋势模型法的核心 CPI 采用 (5-5) 式估计的结果

h	β_h	β_h 的95%的置信区间	R^2	h	β_h	β_h 的95%的置信区间	R^2
2	-0.008	(-0.0923, 0.0763)	0.603	9	0.081	(-0.0148, 0.1772)	0.949
3	0.027	(-0.0595, 0.1129)	0.773	10	0.113	(0.0152, 0.2112)	0.956
4	0.039	(-0.0472, 0.1252)	0.849	11	0.114	(0.0141, 0.2141)	0.959
5	0.051	(-0.0369, 0.1395)	0.889	12	0.156	(0.0541, 0.2579)	0.964
6	0.063	(-0.0272, 0.1532)	0.914	13	0.102	(-0.0038, 0.2078)	0.966
7	0.067	(-0.0249, 0.1593)	0.929	14	0.076	(-0.0343, 0.1853)	0.966
8	0.078	(-0.0159, 0.1721)	0.941	15	0.068	(-0.0438, 0.1796)	0.967

表 5 - 10　方差权重法的核心 CPI 采用（5 - 5）式估计的结果

h	β_h	β_h 的 95% 的置信区间	R^2	h	β_h	β_h 的 95% 的置信区间	R^2
2	0.017	（-0.0211，0.0553）	0.605	9	0.039	（-0.0017，0.0807）	0.949
3	0.019	（-0.0196，0.0572）	0.774	10	0.039	（-0.0042，0.0820）	0.022
4	0.024	（-0.0149，0.0627）	0.849	11	0.038	（-0.0051，0.0811）	0.959
5	0.027	（-0.0127，0.0657）	0.889	12	0.034	（-0.0115，0.0798）	0.962
6	0.030	（-0.0092，0.0692）	0.914	13	0.020	（-0.0256，0.0646）	0.965
7	0.034	（-0.0049，0.0735）	0.930	14	0.016	（-0.0310，0.0622）	0.966
8	0.038	（-0.0036，0.0787）	0.941				

表 5 - 11　惯性权重法的核心 CPI 采用（5 - 5）式估计的结果

h	β_h	β_h 的 95% 的置信区间	R^2	h	β_h	β_h 的 95% 的置信区间	R^2
2	0.103	（0.0282，0.1771）	0.625	9	0.073	（-0.0192，0.1650）	0.949
3	0.080	（0.0015，0.1583）	0.779	10	0.074	（-0.0199，0.1683）	0.955
4	0.079	（-0.0007，0.1599）	0.852	11	0.070	（-0.0259，0.1661）	0.959
5	0.085	（0.0028，0.1674）	0.891	12	0.060	（-0.0380，0.1580）	0.962
6	0.079	（-0.0043，0.1641）	0.915	13	-0.004	（-0.1024，0.0936）	0.964
7	0.079	（-0.0069，0.1655）	0.930	14	-0.025	（-0.1228，0.0732）	0.966
8	0.081	（-0.0075，0.1689）	0.941				

表 5 - 12　BGS 状态空间模型法的核心 CPI 采用（5 - 5）式估计的结果

h	β_h	β_h 的 95% 的置信区间	R^2	h	β_h	β_h 的 95% 的置信区间	R^2
2	0.022	（-0.0269，0.0711）	0.605	8	0.064	（0.0109，0.1167）	0.942
3	0.029	（-0.0199，0.0781）	0.775	9	0.069	（0.0146，0.1228）	0.950
4	0.038	（-0.0121，0.0879）	0.850	10	0.074	（0.0186，0.1284）	0.956
5	0.042	（-0.0081，0.0919）	0.889	11	0.076	（0.0189，0.1325）	0.960
6	0.050	（0.0001，0.1001）	0.915	12	0.076	（0.0174，0.1350）	0.962
7	0.058	（0.0055，0.1096）	0.931	13	0.073	（0.0138，0.1314）	0.963

续表

h	β_h	β_h 的 95% 的置信区间	R^2	h	β_h	β_h 的 95% 的置信区间	R^2
14	0.068	(0.0078, 0.1289)	0.962	18	0.061	(0.0004, 0.1216)	0.963
15	0.066	(0.0052, 0.1268)	0.963	19	0.058	(−0.0004, 0.1171)	0.963
16	0.064	(0.0031, 0.1246)	0.963	20	0.056	(−0.0028, 0.1148)	0.962
17	0.062	(0.0012, 0.1227)	0.963	21	0.049	(−0.0103, 0.1073)	0.961

表 5 - 13 DFI 模型法的核心 CPI 采用 (5 - 5) 式估计的结果

h	β_h	β_h 的 95% 的置信区间	R^2	h	β_h	β_h 的 95% 的置信区间	R^2
2	0.033	(−0.024, 0.089)	0.577	12	0.161	(0.095, 0.227)	0.973
3	0.044	(−0.011, 0.099)	0.765	13	0.145	(0.073, 0.217)	0.972
4	0.051	(−0.004, 0.106)	0.851	14	0.124	(0.044, 0.204)	0.973
5	0.061	(0.006, 0.116)	0.893	15	0.133	(0.053, 0.213)	0.974
6	0.072	(0.016, 0.128)	0.919	16	0.147	(0.068, 0.231)	0.976
7	0.083	(0.026, 0.140)	0.936	17	0.138	(0.048, 0.228)	0.976
8	0.100	(0.040, 0.160)	0.949	18	0.130	(0.035, 0.225)	0.976
9	0.125	(0.068, 0.183)	0.960	19	0.119	(0.019, 0.219)	0.975
10	0.129	(0.069, 0.190)	0.965	20	0.103	(−0.001, 0.207)	0.974
11	0.138	(0.074, 0.202)	0.968	21	0.062	(−0.045, 0.167)	0.973

上述的研究结果表明，随着预测期的增加，模型的拟合度 R^2 逐渐提高，但仅从拟合度方面判断各种核心 CPI 的预测能力是片面的、不准确的。还需要进一步计算模型（5 - 5）中系数 β_h 的置信区间，确保 β_h 的值为正。由以上的估计结果可以看出，采用剔除法、加权中位数法、方差权重法及惯性权重法度量的核心 CPI 对预测未来的 CPI 基本没有作用，SVAR 模型法和共同趋势模型法度量的核心 CPI 对 CPI 预测的预测区间较小，分别为 $[t + 7, t + 12]$ 和 $[t + 10, t +$

12〕，而非对称修剪均值法、BGS 状态空间法及 DFI 模型法度量的核心 CPI 对 CPI 预测的预测区间均超过 10 期。

以下从两个方面对采用模型（5 - 5）检验各种核心 CPI 预测 CPI 的能力进行解释，以采用 DFI 模型法所度量的核心 CPI 为例。从表 5 - 13可以看出，当 $5 \leqslant h \leqslant 19$ 时，β_h 的 95% 置信区间的下限均大于零，说明 t 期的核心 CPI 对 $t + 5$ 至 $t + 19$ 期的 CPI 具有显著的预测能力，也就是说核心 CPI 对未来 5 个月至 1 年半的 CPI 走势有统计意义上显著的预测能力；另一方面，在 $t + 5$ 至 $t + 19$ 期 β_h 的值逐渐增大，在 h 达到 16 时达到最大，此后逐渐减小，说明 CPI 在受到某个暂时冲击后回到核心 CPI 的调整过程是逐步实现的。

综上的实证研究表明，模型（5 - 5）在检验我国核心 CPI 对 CPI 的预测能力方面优于模型（5 - 4）。

第三节　小结

本章从核心通货膨胀预测未来通货膨胀的能力方面，比较了本章所估计的我国各种核心 CPI 的相对优劣。得出的主要结论如下：

在使用最广泛的预测模型（5 - 4）检验我国核心 CPI 预测 CPI 的能力时发现，模型的拟合度均较小，系数为负且不显著，说明该模型的预测效果并不明显。为了更有效地检验核心通货膨胀对未来通货膨胀的预测能力，本章建立了一个新模型，从模型的拟合度和模型系数的置信区间两方面对各种核心 CPI 的预测能力进行检验。结果发现在样本期内，剔除法、加权中位数法、方差权重法及惯性权重法度量的核心 CPI 对未来 CPI 的预测几乎不起作用，SVAR 模型及共同趋势模型的预测区间较小，而非对称修剪法、BGS 状态空间法及 DFI 模型法的预测区间均超过 10 期。

　　在具体应用中，究竟哪种核心 CPI 更适合作为制定政策的依据，取决于政策决策者对核心通货膨胀各方面特征所赋予的权重。如果决策者对上述方面的特征同等重视，即赋予它们同等权重，然后分别按照每种特征对各种核心 CPI 进行排序，综合总结各种核心 CPI 的表现。在同等重视各方面特征的情况下，在样本区间内（2001 年 1 月至 2011 年 4 月），度量核心 CPI 的最优方法是非对称修剪均值法、BGS 状态空间模型法及 DFI 模型法。从实际应用角度来看，基于模型的度量方法虽然具有较好的理论基础，但由于不容易被公众所理解，所以作为现实通货膨胀的监测目标使用是不太适合的。这也反映了经济政策研究和经济理论研究对核心通货膨胀的研究存在一定差别。

第六章
核心通货膨胀与货币政策

目前，通货膨胀的长期变动趋势已经成为货币决策部门制定和调整货币政策时参考的重要指标，并且中央银行的决策也越来越关注未来标题通货膨胀的走势，甚至把标题通货膨胀的预测作为货币政策制定的中介目标。中央银行重点关注核心通货膨胀的理论基础是：有助于中央银行准确地把握未来标题通货膨胀的走势，有助于保持货币的稳健性，以及有助于维持货币政策的可靠性和可信度（谭本艳，2009）。研究表明，代表标题通货膨胀的传统指标如 CPI、PPI 等经常受到供给冲击等暂时因素的影响，使它们在短期内经常出现较大幅度的波动，从而对货币政策的制定产生误导。在考虑货币政策的实施问题时，许多中央银行都将重点集中在核心通货膨胀这一经济指标上，其原因在于剔除了标题通货膨胀中的暂时或短期波动成分后，剩余成分能够更好地反映标题通货膨胀的长期稳定趋势，因此可以将其作为制定稳健性货币政策的重要参考指标。[①] 目前越来越多国家的中央银行实施了通货膨胀目标制，而没有实施通货膨胀目标制的国家也将稳定物价作为货币政策的重要目标之一。我国的中央银行也明确表示

---

① 谭本艳：《我国核心通货膨胀问题研究》，华中科技大学，2009 年博士学位论文。

"物价稳定始终是货币政策的主要目标"。那么，货币政策决策部门和中央银行在制定货币政策时重点关注核心通货膨胀指标是否合理？政府决策部门和学术界对此表明了不同的观点。其争议的主要内容是：货币政策的制定是依据通货膨胀指数中所有的商品和服务，还是关注剔除食品和能源后的消费价格指数——核心通货膨胀。

核心通货膨胀是指导货币政策制定的重要概念之一。因此，在货币政策决策过程中，核心通货膨胀经常作为分析工具和指导性工具被提及，而且也常常被用于与公众的交流及向公众解释货币政策的决策问题，由于它具有较强的预测性，更进一步地被用于设定通货膨胀目标。在实践应用原则上，从货币政策角度度量核心通货膨胀源于它可以区分总体价格水平变动的持久成分和暂时成分，或者是普遍通货膨胀和相对价格变动。尽管目前核心通货膨胀被普遍用于货币政策的制定过程，但在不同标准下，不同方法度量的核心通货膨胀对于区分货币政策的目的也不相同。

自核心通货膨胀的概念被提出至今，对核心通货膨胀的研究主要集中在如何对其进行度量以及如何对其进行评价，而关于核心通货膨胀是否能够作为货币政策的通货膨胀目标的内容，相应的严谨理论研究非常少。许多研究表明，将 CPI 作为衡量通货膨胀的指标，容易过度夸大通货膨胀的程度，但有些学者对此持不同观点，他们认为在货币政策制定过程中，CPI 是最能够反映通货膨胀变化趋势的指标。例如，2011 年 10 月泰国央行（Bank of Thailand）行长表示，该国的央行将弃用核心通货膨胀，改用总体通货膨胀目标作为监测指标，并初步将总体通货膨胀率目标设为 3%。2011 年 10 月我国央行研究局官员武志在中国央行主管的最新一期《中国金融》上称，剔除食品和能源价格的核心通货膨胀概念不适用于中国。他认为，"货币政策的最终目标是维护价格总水平的稳定，这其中应该包括食品和能源的价格，因此中央银行应将其注意力放在标题通货膨胀上，仅关注标准的核心消费价格指数无助于央行做出正确的政策反应"。

那么我们是否仅关注核心通货膨胀或标题通货膨胀中的一种，或者说只能够二者选其一呢？以下本章将对该问题进行相应的理论阐述，并结合我国的实际国情分析我国核心通货膨胀与货币政策之间的关系。

第一节 核心通货膨胀的分析工具含义

由于核心通货膨胀可以作为分析工具、交流工具及货币政策的可行性目标，因此常常被用于指导、制定以及调整货币政策。尽管核心通货膨胀被广泛地采用不同的方法进行度量，但核心通货膨胀的定义并不唯一和确切。大多数经济学家和研究学者均认为核心通货膨胀是反映与货币政策紧密相关的通货膨胀，但是对"相关性"的理解没有达成一致的意见，由此，对该问题的不同理解可能导致应用者采用不同的方法度量核心通货膨胀。

首先，对于货币政策决策者而言，制定合理的货币政策的关键问题是区分总体价格水平变动的持久性和暂时性。由于货币政策传导机制具有较强的长期性和滞后性，货币政策对暂时性冲击的反映可能导致不可预期的产出波动，在初始阶段不能够准确地反映潜在通货膨胀的增长程度，并可能导致标题通货膨胀的持续走高，最终需要经过更长的货币紧缩时期。因此，从这个角度讲，度量核心通货膨胀能够为反映价格变动提供一个本质性的信息，同时对货币政策具有指导性作用。由于核心通货膨胀反映了标题通货膨胀中持久、稳定的成分，因此它不仅有助于分析目前的标题通货膨胀的情况，而且有助于预测未来标题通货膨胀的走势。因此，对于需要提供前瞻性货币政策的决策者而言，核心通货膨胀指标是具有理论依据且有效的工具指标。如果度量的核心通货膨胀代表标题通货膨胀的中期变动的持久成分，那么它可以用于短期至中期的标题通货膨胀预测。

其次，核心通货膨胀的另一种定义是它反映了构成总体价格指数的所有分类成分价格指数变动的共同成分。这个概念的本质是将标题通货膨胀分解为代表普遍通货膨胀的核心成分和反映相对价格变动的非核心成分。由于长期的通货膨胀是一种货币现象（Bryan & Cecchetti，1994；Wynne，2008），因此，普遍通货膨胀通常与货币扩张联系在一起，这个概念的内在含义是相对价格的变动对总价格水平或总通货膨胀率没有影响。所以，货币政策不需要对暂时冲击或非核心成分的变动引起的标题通货膨胀上升做出调整（Roger，1998；Manikar & Paisley，2004）。

第二节　关注核心通货膨胀的原因

尽管长期内货币政策能够控制标题通货膨胀的变动，但不能控制食品和能源等成分的相对价格变动。尽管食品和能源的价格波动会对标题通货膨胀的变动产生重要影响，但其价格波动可以不通过货币政策调整而自动恢复到它们的潜在价格水平。制定货币政策需要重点关注的是标题通货膨胀中的持久性变化，而标题通货膨胀中包含了所有的商品成分（尤其是食品和能源等价格波动性较强的商品），因此必然包含不能反映潜在通货膨胀变动趋势的"噪音"成分。而核心通货膨胀有助于货币政策决策者区分标题通货膨胀中的持久性成分和暂时性成分，从而可以将其作为制定合理且符合实际情况的货币政策的依据。

目前，剔除食品和能源后的消费价格指数已经成为核心通货膨胀指数的代名词。一般情况下，食品和能源的价格指数占 CPI 中所有商品的价格指数的比重较大，并且它们的价格水平变动幅度较大且频率较高。例如，在本章研究的样本期内（2001 年 1 月至 2011 年 4 月），我国的食品类商品价格指数和 CPI 的标准差分别为 2.358 和 6.067，而剔除"食品"和"交通和通信"中波动幅度较大的交通消费及车用燃料及零配件后 CPI 的标准差仅为 0.945，其波动性明显小于 CPI 的波动性。而核心通货膨胀恰好反映了标题通货膨胀中持久、稳定的趋势，该稳定趋势恰好是货币政策决策者制定中长期货币政策重点关注的内容。

另一方面，食品和能源的价格经常受到供给冲击等暂时性因素的影响，例如原油出口量的减少将导致石油价格的上涨，或者由于恶劣气候影响粮食产量而导致的粮食价格上涨等，面对上述情况，货币政策的调整无法改变石油和粮食价格的上涨趋势。暂时性供给冲击不仅提高了食品和能源的相对价格，而且在短期内对标题通货膨胀产生了重大影响，但长期而言，对能源增长率和粮食产量并没有影响。如果货币政策决策者的目的是有效地控制通货膨胀或维持较低的通货膨胀水平，那么他们就不应该针对一次性价格水平变动而进行货币政策的调整。负的供给冲击不仅影响平均价格水平的变化，还将伴随着产出和就业率的下降。当产出和就业率处于较低水平时，采取提高利率的货币政策手段来抑制通货膨胀是不合适的。

当标题通货膨胀中包含较多的暂时性成分时，关注核心通货膨胀的变动有助于避免货币政策决策部门的决策失误。如果货币政策决策部门仅对标题通货膨胀的变动做出反应，则可能面临针对标题通货膨胀中暂时性成分做出的货币决策风险。例如，2010 年以来我国猪肉和蛋类供给紧张，导致猪肉和蛋类价格大幅度上涨，直接推动了 CPI 的持续上升；原油供给的不确定性也导致了国际市场上石油价格的大幅度波动。如果事先没有明确判断导致 CPI 上涨的因素是暂时性的还是持久性的，而直接根据 CPI 持续上涨现象采取紧缩性货币政策，则将产生错误的判断和决策。所以，制定货币政策不应该只将重点放在关注 CPI、PPI 等标题通货膨胀的指标上，这样可以避免货币政策对暂时性冲击导致短期内通货膨胀的上升做出过度反应。

Mishkin（2007）以导致能源价格剧烈上升的短期供给冲击为例，说明货币政策对标题通货膨胀中暂时性成分的变动做出过度反应的风险。首先假设条件是初期的标题通货膨胀和核心通货膨胀均处于较低水平，将供给冲击分为暂时性冲击和持久性冲击两种情形，分别分析它们对标题通货膨胀的影响。具体的分析如下所示。

第一种情形：供给冲击对能源价格的变动仅产生暂时影响，即供给冲击是暂时性的。假设能源的价格因受到暂时性供给冲击的影响而大幅度上涨，在这种的情况下，标题通货膨胀会随着能源价格的大幅度上涨而上升，并超过标题通货膨胀的潜在趋势值，但当暂时冲击逐渐消退后，能源价格将恢复到最初水平，而标题通货膨胀也将回落到潜在趋势值以下。一般而言，在没有采取任何货币政策措施的情况下，标题通货膨胀在长期内将会继续保持稳定状态。但是，如果货币政策决策部门对能源价格的暂时性上涨导致的标题通货膨胀的上升采取紧缩性货币政策，那么尽管短期内将会使标题通货膨胀有所下降，但长期内将会导致经济增长放缓及就业率下降。由于货币政策在经济活动中发挥的效力具有较长时滞性，所以即使标题通货膨胀已经回落到其潜在趋势水平或低于其潜在水平，经济增长率和就业率也可能还会继续下降。由此可见，货币政策对标题通货膨胀的暂时波动做出的过度反应，不仅增加了标题通货膨胀自身的波动幅度，同时增加了经济增长率和就业率的波动幅度，对经济增长率和就业率产生了重要影响，这与中央银行一直贯彻的保持就业增加和经济稳定增长政策相违背。

第二种情形：供给冲击导致能源价格的持久性变动，即供给冲击是具有持久性的。目前，国内外几乎所有的政府部门和学术界都认为当前对石油价格的冲击就属于持久性冲击。显然，在这种情形下，能源价格的相对上涨是不可逆的，但能源价格水平的变动不会一直持续下去。尽管标题通货膨胀会随着能源价格的上涨而上升，但只要能源价格达到其潜在的长期水平，那么标题通货膨胀也将会逐渐恢复到其潜在趋势值。因此，只要能源相对价格的持久性变化不影响标题通货膨胀的潜在趋势值，标题通货膨胀就会再次回落。

货币政策的滞后性使其对能源价格的持久性上涨所产生的第一轮影响几乎不发挥作用，第一轮影响中不仅包括所有消费价格指数中能源成分的影响，还包括较高的能源价格对非能源商品及服务价格的传导影响。但货币政策能够对与标题通货膨胀变化相关的第二轮影响发挥较大的作用和影响。只要能源价格的相对上涨没有造成潜在通货膨胀预期的上升，那么能源价格的相对上涨对标题通货膨胀的第二轮影响就十分有限。标题通货膨胀预期的稳定性取决于中央银行是否坚持制定一个长期的通货膨胀控制目标。如果中央银行将标题通货膨胀控制在预期目标内，则货币政策决策者就不需要在长期内对标题通货膨胀的暂时性走高而进行货币政策调整。在这种情形下，如果货币政策采取大幅度紧缩措施，不仅不能有效地控制标题通货膨胀，而且将导致产出和就业的不必要减少，造成经济增长放缓。因此，必须区别标题通货膨胀上升的持久性和暂时性。

为了识别标题通货膨胀上升中的暂时性成分，核心通货膨胀指标中需要剔除价格波动幅度较大且频率较高的商品。与标题通货膨胀相比，核心通货膨胀的变动一般比较平稳，所以能够更清晰和准确地反映潜在通货膨胀的压力。因此，核心通货膨胀是一个能够反映标题通货膨胀未来变动趋势的最好指标。但如果特定冲击对非核心商品价格的影响不具有暂时性而具有持久性，那么较高的成本将会对核心商品的价格产生向上压力，因此，中央银行必须一直对这类冲击保持警惕。以利率政策为例，许多西方发达国家的中央银行将核心通货膨胀作为货币政策的决策依据，而且采取前瞻性的决策（即先预测未来6、12、18 或 24 个月的核心通货膨胀的走势后，再决定是否加息）。中央银行不关注标题通货膨胀而关注核心通货膨胀的原因是，食品和能源等成分（非核心通货膨胀成分）的价格波动性很强，而且经常受国际市场或供给冲击的影响，不是通过国内利率政策所能调节的。利率政策对供给冲击所引起的食品和能源价格的上涨基本不起作用，其作用效果主要反映在核心通货膨胀中。因此，当出现此类非核心通货膨胀上涨时，中央银行的加息政策非但不能缓解标题通货膨胀上升的压力，反而可能对核心通货膨胀成分造成不必要的影响和冲击。

中央银行真正关注未来通货膨胀的变化趋势，而核心通货膨胀是能够代表该趋势的最合理、最理想的经济指标。关注核心通货膨胀的变动可以避免中央银行对通货膨胀中出现的暂时性变动做出过度反应。Dhawan 和 Jeske（2007）将能源部门引入新凯恩斯模型中，并假设能源既进入厂商的生产函数又进入家庭的最终消费，对货币政策应该如何应对能源价格的冲击进行研究。研究结果表明，与盯住标题通货膨胀的货币政策相比，盯住核心通货膨胀的货币政策能够在一定程度上减轻能源价格上涨导致的通货膨胀的上升和产出的下降。[①]

第三节　关注核心通货膨胀的政策风险

核心通货膨胀对于制定和调整货币政策具有指导性作用，故许多

---

① Dhawan, Rajeev & Karsten Jeske. "Taylor Rules with Headline Inflation a Bad Idea". Federal Reserve Bank of Atlanta Working Paper Series, 2007, 14.

国家的中央银行都将重点放在关注核心通货膨胀指标的变动上。例如，日本、加拿大、美国等国家的中央银行在采用不同方法度量核心通货膨胀后，将其作为制定和调整货币政策的重要参考依据。那么，中央银行重点关注核心通货膨胀的变化情况来制定货币政策是否合理呢？普通大众消费者认为他们关心的是购买的所有商品和服务，尤其是食品等生活必需品，因此假设消费者不消费食品和能源等商品是明显不合理的。这说明货币政策决策部门仅关注核心通货膨胀是不合理的，而且货币政策的最终目标是控制标题通货膨胀而不是核心通货膨胀。

许多研究者对此也提出了质疑，毕竟家庭生活中每天都需要购买食品和能源等生活必需品，并且食品和能源的支出占家庭（尤其是低收入的家庭）总支出的绝大部分。只关注核心通货膨胀的变化趋势，留给人的印象可能是货币政策决策者与消费者真正关心的内容不一样，货币政策当局不关心消费者的实际需求状况。那么，货币政策决策部门在制定货币政策时是否更应该关注包含食品和能源等成分的标题通货膨胀呢？

尽管许多研究表明，核心通货膨胀有助于货币政策的制定和实施，但国内外学术界一些学者认为将价格波动最剧烈和频率最高的成分（尤其是食品和能源）从标题通货膨胀指标中剔除是不妥的，原因主要有如下两个方面：

一方面是因为被剔除的成分中可能包含对预测未来通货膨胀有用的信息，而这些预测信息并没有包含在价格水平变动相对缓慢的其他成分中。总需求的增加可能抵消一段时期由某一敏感商品的价格提高引起的较高标题通货膨胀。因此，如果仅根据价格变动的波动剧烈性这一标准而剔除这些成分，则可能忽略标题通货膨胀变动的早期特征，进而不利于判断未来通货膨胀的变动趋势并制定合理、有效的货币政策。

另一方面，剔除价格波动最剧烈的商品并不意味着仅剔除食品和能源成分，在研究的样本期间内，无论 CPI 一篮子商品中任何一种商品的价格出现剧烈波动，在度量核心通货膨胀时都应该将其剔除，而不是根据原理论框架仅剔除食品和能源成分。而且事实表明，不是所有食品和能源类商品的价格波动性都最剧烈，也不是所有价格波动幅度最大、频率最高的商品都包含在食品和能源类的商品成分中。例如，在本章研究的样本期间内，我国 CPI 一篮子中八大类商品的价格指数中，包含了 32 类商品成分，2010 年 1 月至 2011 年 4 月居住类商品价格的波动幅度明显高于代表能源价格波动的交通通信类的价格波动幅度，食品类商品中水果和蔬菜的价格波动性较大，而其他类食品的价格波动幅度较小。这样，包含在核心通货膨胀指标中某些商品的价格指数与食品和能源的价格指数具有相同的波动性，甚至波动幅度更大。

Karlsson（2005）从理论方面阐述了在中央银行过度关注核心通货膨胀而忽视标题通货膨胀情况下，货币政策决策部门可能陷入错误的决策困境中，他论述的主要理由如下：

首先，将食品和能源等商品成分从 CPI 一篮子商品中剔除的方法，与一些经济学家认同的政府应重点关注价格水平的变动而不是货币供应量的变动理论是相互矛盾的。货币政策决策部门重点关注商品的价格变动的原因在于它反映了货币购买力的真实变动情况，只有在长期内，货币供应量的变动才能够充分影响商品和服务的价格变动，甚至仅根据商品和服务的供给变动而进行货币供应量的调整。如果政策决策部门关注的是人们真正面对的实际价格而不是商品价格的长期的、潜在的趋势，那么剔除人们在现实生活中所必需的食品和能源等生活必需品是没有意义的。进一步而言，如果货币决策部门重点关注通货膨胀的潜在趋势，那么就必须同时关注与商品和服务的供给变化相关的货币供给量变化。显然，无论货币政策决策部门决定实施何种政策和策略，仅关注核心通货膨胀都被证明是不合理的。

其次，没有充分的证据表明在 CPI 一篮子的商品和服务中，不易发生价格变动的成分在反映标题通货膨胀的长期潜在趋势方面优于容易发生价格变动的成分。相反的是，如果某种商品和服务的价格容易发生波动，那么货币供给量的增加将对其产生的影响更快，而对价格相对刚性的商品和服务的影响较慢。

第三，如果能源价格的上涨是由自发的因素如石油供给量的减少引起的，那么能源价格的上涨将使人们对其的购买力下降，同时还会对其他商品的价格产生通货紧缩的效应，这意味着当能源价格上涨时，核心通货膨胀率将低估潜在价格水平的变化。

Laidler（2003）对加拿大中央银行只关注核心通货膨胀可能对货币政策产生的误导进行了分析，并认为货币政策的制定更应当关注标题通货膨胀的变动。2011 年 5 月 24 日，美国圣路易斯联储主席布莱德（James Bullard）表示美联储应该花更多心思在标题通货膨胀方面，而不是在核心通货膨胀方面给予过多的关注。他认为，一直以来，美联储的货币政策对核心通货膨胀给予了太多的关注，但事实上，核心通货膨胀这一概念是"武断的"，对于核心通货膨胀的过度关注将引发货币政策的误导。无论如何，基础通货膨胀才是价格稳定性的关键指标。在目前能源价格持续居高不下的环境下，在物价指数中忽略能源价格将长期性地低估通货膨胀的走势。虽然能源价格不可能继续无限制地走高，但就未来 10 年而言，全球能源市场仍将继续呈现供不应求的情况。

一些学者的研究也表明，通货膨胀目标制在控制通货膨胀上表现得并不显著。例如，Ball 和 Sheridan（2003）通过比较 OECD（经济与合作发展组织）中 7 个实行通货膨胀目标制的国家和 13 个非通货膨胀目标制国家的通货膨胀均值、方差和惯性，发现采取通货膨胀目标制可以将这些国家的通货膨胀降至较低水平，同时可以减少通货膨胀的变动率。但与没有实行通货膨胀目标制的国家相比，这些变化并没有显著差异。[①]

我国的部分学者也认为将核心通货膨胀作为制定货币政策的重点关注指标可能会带来潜在的政策风险。郭松民（2007）认为货币政策的制定如果过度地关注核心通货膨胀，可能导致货币政策决策者做出错误的判断，即忽视物价上涨给社会中下层民众带来的生活压力。如2007 年物价的持续上涨主要表现为食品价格的上涨，而高收入阶层的恩格尔系数很低，食品价格的上涨几乎不对高收入人群产生影响，但低收入阶层的恩格尔系数较高，对食品类等生活必需品价格的变化非常敏感。尽管核心通货膨胀没有明显的变化，但对低收入阶层的大众生活产生了很大影响。

理论和实践研究表明，货币政策的调整对通货膨胀的影响存在明显的滞后性，因此，货币政策的制定必须具有前瞻性。货币政策转移机制的滞后性和长期性，使得货币政策的调整在短期内几乎不影响标题通货膨胀的变化，货币政策决策者最关注的是通货膨胀的未来变化趋势，尤其是货币政策能够影响的通货膨胀未来一两年的变化。

第四节　我国的核心 CPI 与货币政策

自 1994 年我国编制 CPI 以来，其衡量的是普通消费者直接购买

---

① Ball, L. and Sheridan, N. "Does Inflation Targeting Matter?" NBER Working Paper, 2003, No. 9577.

的商品和劳务的总费用，尽管这在一定程度上从最终产品和消费品的角度反映了总体价格水平的变化，但是由于我国目前仍是处于经济转轨时期的发展中国家，经济的市场化程度比较低，所以尽管 CPI 在低位运行，但公众仍普遍感到价格上涨。

核心通货膨胀作为制定货币政策的目标既有理论优势也有政策风险，那么我国货币政策的目标应如何选择呢？是选择核心通货膨胀指标还是选择标题通货膨胀指标作为货币政策的目标呢？

一方面，既然核心通货膨胀作为货币政策的目标存在多种优势，而且世界上许多国家都将核心通货膨胀作为制定和调整货币政策关注的重心，并获得了一定的成效，那么面对全球经济的一体化，可以结合我国的实际国情科学地构建我国的核心通货膨胀指标，并将其作为货币政策决策的重要参考指标。这样不仅可以避免或减少货币政策对暂时性波动的过度反应，维持货币政策的可信度和可靠性，而且有利于中央银行准确判断地未来通货膨胀的走势。

另一方面，从我国的实际情况来看，中央银行在根据商品价格的变化调整货币政策时，不应该仅关注剔除食品和能源后的核心通货膨胀指数，因为食品和能源的价格变动对社会经济以及人民生活水平也会产生深远的影响。虽然 1978 年改革开放以来我国城镇和农村居民的恩格尔系数基本呈下降趋势，但依然较高，2010 年我国的恩格尔系数仍高达 39.76%，接近 40%。由此可见，食品类商品的支出占我国居民消费总支出的比例较大，对人民的生活产生了重要影响。

另外，食品类价格指数在我国 CPI 中的权重超过 1/3，从历史数据看，粮食价格波动是导致 CPI 波动的最主要力量。我国的食品价格上涨与粮食价格上涨关系密切，而粮食价格的上涨不仅受气候和自然灾害等因素的影响，还与我国务农劳动力减少、耕地面积减少和工业用量快速增长关系密切。食品价格的快速变动可能包含反映未来价格变动趋势的有用信息，简单地将其剔除，不利于准确地把握通货膨胀的走势和控制通货膨胀。粮食价格的上涨直接导致居民生活成本的提高，将可能诱发居民的通货膨胀预期，进而推动成本型通货膨胀的形成。因此，如果货币政策决策部门不关注食品和能源价格的上涨，可能对货币政策的制定产生误导。

很明显可以看出，CPI 在反映物价水平的暂时或短期波动方面具有优势，而核心 CPI 在反映物价水平的长期变动趋势方面具有优势，二者是相辅相成、缺一不可的，货币政策的调整需要同时关注核心 CPI 和 CPI 的变化。因此，我国在根据物价水平的短期或暂时波动对货币政策进行调整时，更应关注 CPI 的变动。而在制定中长期货币政策时，应该将核心 CPI 作为重要参考依据，但调整货币政策仍然需要保持货币政策的稳健性。因此，调整和制定货币政策时不仅要关注CPI，同时还需要关注具有前瞻性的核心 CPI。

以货币政策中的利率政策为例，中央银行应该以核心 CPI 作为决策参考依据，并采取前瞻性的决策规则。利率政策主要通过影响国内需求缓解价格压力，其效果主要反映在核心 CPI 中。原因在于 CPI 中的非核心部分即食品和能源的价格波动较强，容易受到供给冲击和国际市场的影响，而这些不是可以通过国内利率政策所能调节的。当非核心通货膨胀呈现上升趋势时，中央银行的加息政策并不能缓解通货膨胀压力，反而可能对核心通货膨胀造成不必要的影响和冲击。从这个意义上讲，我国中央银行可以考虑将核心 CPI 作为货币政策的决策参考依据，并及时向公众公布核心 CPI，以便公众可以更好地进行通货膨胀预期。如果中央银行的利率政策将核心通货膨胀作为决策参考依据，那么利率政策的决策就具有一个客观的依据，从而可以减少决策的随意性和主观性，也可以减少利率政策的两难性。同时，市场主体对加息或减息的预期会变得相对统一和稳定，有助于家庭、企业及金融机构进行理性的消费、投资和借贷决策，避免经济中出现不必要的混乱和波动。

首先我们来回顾一下，样本期间内我国 CPI 与核心 CPI 的变化趋势，并以 2007 年 1 月至 2011 年 4 月的我国经济变化为例，说明针对这些变化货币政策决策部门和中央人民银行做出的决策和反应。

2007 年以来猪肉价格的上涨、冰冻和地震灾害，使中国遭受了前所未有的随机冲击，通货膨胀波动幅度较大，但核心通货膨胀的波动幅度较小。并且在紧缩的货币政策和美国金融危机的影响下，从 2008 年 10 月份开始核心 CPI 持续回落。2007 年全年先后进行了 6 次加息（2007 年 3 月 18 日由 2.52% 上调到 2.79%，5 月 19 日、7 月 21 日、8 月 22 日、9 月 15 日分别上调到 3.06%、3.33%、3.6% 和 3.87%，12 月 21 日再次加息到 4.14%），而 2008 年 3 月份 CPI 才开始回落，说明货币政策对 CPI 的影响存在明显的滞后性，但中央银行在 2008 年 1 月 25 日、3 月 25 日、4 月 25 日和 6 月 25 日连续 4 次调高存款准备金率，使得从紧的货币政策还在延续。核心 CPI 在 2008 年 3 月后并没有和 CPI 同步回落，而是呈现出略微上涨的趋势，直至 2008 年 10 月，中央银行开始降低利率实施适度的宽松货币政策，核心 CPI 才开始回落。2009 年 1 月的核心 CPI 基本降低到 2007 年 2 月份的水平，这一轮的通货膨胀历经 18 个月，虽然持续的时间较短，但 CPI 表现出明显的波动性，而核心 CPI 的波动幅度较小。该轮通货膨胀的主要特点是：CPI 受到的冲击比较剧烈，但时间较短，通货膨胀表现的剧烈波动与核心通货膨胀表现的相对稳健的波动形成对比，通货膨胀与核心通货膨胀的差距逐渐缩小。这说明中国人民银行于 2008 年 10 月开始执行的扩大内需和促进经济增长的适度宽松的货币政策，不仅是必要的而且是及时的。

2010 年人民银行工作会议上提出，我国将保持货币政策的连续性和稳定性，继续实施适度宽松的货币政策。事实也表明，2010 年，在实施宽松的宏观政策和市场因素的共同作用下，我国的经济延续了2009 年以来的强劲复苏势头，经济增长由回升向稳定增长转变。尽管面临多种不利因素的影响，全年 CPI 达到 3.3%，但是基本实现年初预期的 3% 左右的控制目标，而核心 CPI 的同比增长率为 0.984%，从全年的核心 CPI 来看，2010 年我国尚未发生全面的通货膨胀。从2010 年 7 月份开始，CPI 同比增长率上涨速度加快，7 月份超过 3%，10 月份超过 4%，11 月份达到全年的最高点 5.1%，12 月份回落到4.6%，价格上涨的结构性特征比较明显，食品类和居住类商品价格的上涨幅度较大，成为 CPI 上升的主要推动力。2009 年货币供应量比2008 年增长了 27.7%，2010 年比 2009 年增长了 19.7%，货币供应量过多加剧了原有的流动性过剩，强化了通货膨胀预期，因此，货币供应量的增加是 2010 年价格水平上涨的主要原因。但是，从 2010 年 10月的核心 CPI 来看，央行于 2010 年 10 月 20 日进行的加息以及 11 月16 日和 11 月 29 日连续的两次提高存款准备金率的紧缩性货币政策是必要而且及时的。加息政策的实施有力地改善了负利率的情况并缓解了通货膨胀的压力，而对于收紧流动性来讲，提高存款准备金率是较有效和直接的方式。因此，加息及提高存款准备金率在改善宏观调控、促进结构调整方面产生了积极的影响。

CPI 的持续增长受到基期数据的翘尾因素和新涨价因素等的影响，尽管之前造成 CPI 同比增速的翘尾因素目前有所减弱，但是食品类和居住类商品价格的上涨依然是物价上涨的主要推动力。2011 年1～4 月我国 CPI 的同比增长率为 5.1%，4 月份的 CPI 同比增长率达到 5.3%，从结构方面来看，其中 3.1% 归因于翘尾因素，占同比增长幅度的 58.5%，而新的增长因素为 41.5%；从构成来看，4 月份食品类商品对 CPI 的影响程度有所下降，同比上涨 11.5%，拉动 CPI 上涨 3.4%，但影响程度仍高达 64%，比 3 月份略有回落。2011 年以来拉动经济的"三驾马车"中，由于人民币升值，已经导致中小出口企业遇到前所未有的困难。据海关统计，2011 年 1~3 月，我国进出口总值 8 003 亿美元，比 2010 年同期增长 29.5%。其中出口 3 996.4 亿美元，增长 26.5%；进口 4 006.6 亿美元，增长 32.6%。2012 年一季度我国累计出现 10.2 亿美元的贸易逆差，是 6 年来的首次季度逆差。在国内需求方面，拉动经济 100 多个行业的汽车业开始显露出滑坡迹象。中国汽车工业协会公布的 3 月汽车产销数据显示，一季度国产汽车累计产销 489.57 万辆和 498.37 万辆，同比增长 7.48% 和 8.08%，增幅比上年同期回落 69.51 个百分点和 63.7 个百分点。在投资方面，房地产行业在历史最严厉的调控政策下，一季度交易量出现较大下滑，对经济的拉动力已经大大下降。来自国外的输入性的通货膨胀压力仍然比较大，尽管西方国家的宏观政策没有出现明显变化，但流动性还是比较充足。未来物价的走势仍有一定的不确定性，既有价格上涨的压力，也有促进价格下行的因素。

总体上来看，当前我国宏观经济有进一步下滑的风险，而 2011 年 1~4 月的核心 CPI 同比增长率分别为 3.1%、2.9%、3.2% 及 3.4%（DFI 模型估计结果），并未像 CPI 显示得那样高。因此可以考虑适当降低紧缩性货币政策的力度，适度减少新增贷款和货币投放，采取多种方式回收流动性，并配合财政政策以防止经济下滑的出现，例如给企业特别是民营企业、中小企业大幅减税减费，减轻企业负担，增加企业利润，调动生产积极性；给流通领域、消费领域大幅减税，以刺激消费、启动消费；下决心规范各种收费特别是各种公路收费，把过高收费坚决降下来，减轻运输成本，促进商品的流通。进一步加强通货膨胀预期管理以降低居民的通货膨胀预期，优化投资结构，防止资产泡沫，扩大消费需求，推进经济结构战略性调整，增强经济发展的协调性、包容性、可持续性和内在动力。

2003 年 12 月最新修订后的《中国人民银行法》第三条明确规定，"货币政策目标是保持货币币值的稳定，并以此促进经济增长。"根据这一表述，货币政策的首要目标是稳定币值，其次是促进增长。币值稳定包括价格稳定与汇率稳定，而价格稳定是我国货币政策的首要目标。价格稳定的含义是什么呢？前美联储主席沃尔克在 1983 年对物价稳定提出了如下定义："一个可行的关于物价稳定的合理定义是在相当长的时期内预期物价的整体涨落不会对经济和金融行为产生普遍而深入的影响。"格林斯潘（1994）以类似的方式描述了价格稳定，"当物价稳定的时候，家庭和企业不需要考虑物价平均水平变化的因素来做出决定。"由此看来，价格稳定包含两层含义：一是平均通货膨胀率处于较低水平，二是通货膨胀率的波动处于狭窄范围。从一年一度的中央经济工作会议文件与货币政策执行报告来看，实质上，我国的货币政策面临多目标约束，但从货币政策的实践角度来看，物价稳定和经济增长是我国货币政策框架中最重要的两个目标。

对老百姓而言，标题通货膨胀远远比核心通货膨胀重要得多，因为"民以食为天"，我国的 CPI 中食品类价格指数占 1/3 以上，食品价格上涨太快会直接影响老百姓的福利，对社会的安定也会产生不利影响，从这个角度来讲，不应该只关注核心 CPI，而是应该关注 CPI。但是需要区别的是，我国的政府有关部门应该关注整体通货膨胀，并采取包括行政干预等有效措施努力稳定非核心通货膨胀，例如国务院 2010 年 11 月采取的 16 条措施，通过增加食品供给量、降低流通成本来稳定物价，就是非常正确、正中要害的政策措施。但是中央银行的利率政策还是应该盯住核心 CPI，因为它对非核心通货膨胀的变化基本是无能为力的。

尽管我国目前尚没有全面地实施通货膨胀目标制的条件（孔燕，

2008），但对核心通货膨胀的关注仍是有效制定货币政策的重要参考依据。尤其目前我国制造业工人薪水的显著提高已经成为中期内不可逆转的趋势，而我国的劳动力市场流动性非常高，制造业工人薪水的提高很快就会带动劳动力薪水的整体上涨，从而促进居民收入水平的提高，而居民收入水平的快速提高将会推动不可贸易品价格的上涨，房租、医疗、娱乐等服务类商品的价格将持续上涨，水价、电价等价格改革也在继续推进，而这些都是计算到核心通货膨胀中的成分。在过去的几年（除金融危机时期外）内，我国的核心 CPI 一直保持在 1% 左右，可是在未来三年，尽管我国的 CPI 上涨幅度可能有限，但核心通货膨胀的水平必然有显著的提高。由于核心通货膨胀可以通过持久地影响通货膨胀预期而推动物价水平出现持续的螺旋式上涨，因此核心通货膨胀是货币政策的最大敌人。

货币政策的不确定性以及货币政策工具发挥作用的时滞性，使得货币政策必须具有前瞻性。如果预期未来通货膨胀可能上升，就必须采取"超前行动"控制通货膨胀。而核心通货膨胀的度量有助于预测通货膨胀，可以很好地为制定有效的货币政策提供前瞻性的理论依据。货币政策的实施也应当具有相当的灵活性。由于面临的经济环境和货币政策都面临极大的不确定性，僵硬的规则会限制货币政策的判断力和灵活性。并且货币政策决策部门应该注重与公众及时沟通，提高透明度。

我国的货币政策需要建立以 CPI 为基础的核心通货膨胀率，以此来度量价格稳定目标。粮食产品价格敏感地反映了气候环境条件与供给需求状况在短期的激烈波动，以 CPI 度量的价格稳定状态可能对应实际的经济萧条或者通货紧缩状态。价格稳定的核心 CPI 目标在容纳粮食产品价格结构性上涨的同时，能够分离出粮食产品价格的随机波动，从而避免过度的货币政策反应，并且维持黏性产品价格的稳定性，以灵活产品价格应对需求和供给冲击，减弱通货膨胀条件下的相对价格体系扭曲与资源配置效率的损失。

中央银行可以根据核心通货膨胀设定中期和短期的通货膨胀目标，以减少货币决策当局与市场经济主体之间的信息不对称现象。提高货币决策部门的可信度和政策透明度。在制定中长期的货币政策时，中央银行的确应该重点关注核心通货膨胀；在对短期内的货币政策进行调整时，中央银行更应该强调标题通货膨胀。

第五节　小结

本章分析了货币政策决策部门重点关注核心通货膨胀的原因，以及过度关注核心通货膨胀存在的风险。通过上述分析我们可以知道，标题通货膨胀与核心通货膨胀之间并不是彼此不相容或非此即彼的关系。货币长期中性理论已经被各国经济学家和中央银行广泛接受，即货币政策只影响通货膨胀，而对真实消费、真实产出和真实投资等实际变量没有影响。在制定中长期的货币政策时，中央银行的确应该重点关注核心通货膨胀；当对短期内的货币政策进行调整时，中央银行更应该强调标题通货膨胀。

根据我国的实际国情，为了更有效地控制通货膨胀以及稳定物价，我国货币政策决策部门和中央银行需要同时关注具有前瞻性的核心通货膨胀和标题通货膨胀，这也是本章对核心通货膨胀度量进行研究的核心。本章还对 2007 年至 2011 年我国的核心通货膨胀与货币政策的关系进行了理论分析，进一步表明我国关注标题通货膨胀的同时关注核心通货膨胀。

货币政策的调整和制定还需要考虑国际经济形势的变化。近年来，中美利差倒挂并呈现扩大趋势。现在学术界普遍担忧的是国内利率上升可能加剧国际游资的流入。面对两难的困境，我国中央银行在实施稳健的货币政策的同时，既要考虑国内因素，也要考虑国际因素；既要关注短期问题，也要关注中长期问题。在进行短期货币政策决策时，中央银行应该重视核心通货膨胀，考虑物价变动的基本趋势。对我国各种核心通货膨胀指标进行系统的分析，将其作为定期和全面评估价格稳定风险时的指示变量，这样就有助于评估长期的价格变化。

第七章
结论与展望

在我国国家统计部门和中央银行高度关注核心通货膨胀的背景下，本书阐述了核心通货膨胀的含义、度量方法及我国现行消费价格指数的不足，简要地论述了我国建立核心通货膨胀指标的必要性。在采用不同方法度量我国的核心通货膨胀（核心 CPI）基础上，提出了新的度量方法。并且进一步从多个角度和特征对不同方法度量的核心 CPI 进行了综合的定性分析和定量分析。度量核心 CPI 的重要意义在于它可以用于预测未来 CPI，本书采用不同模型对度量的各种核心 CPI 的预测能力进行了研究。最后，对货币政策的制定应该关注核心通货膨胀还是标题通货膨胀进行了理论分析，并分析了我国目前的经济状况与所实施的货币政策。下面，我们将本书形成的基本结论、创新之处、意义以及尚待深入探讨的问题进行简单的归纳。

第一节 重要研究结论与研究创新

一 重要研究结论

（1）自 Eckstein（1981）将核心通货膨胀作为一个经济术语和概

念提出来至今，学术界对其含义进行了广泛的讨论和研究，尽管目前学术界对核心通货膨胀含义的界定并不完全一致，但研究者们一致认为核心通货膨胀指标具有如下特征：首先，核心通货膨胀是剔除标题通货膨胀（CPI 或 PPI）一篮子商品中在短期内价格指数波动较大的商品，所得的价格波动相对平缓的商品分类指数的变动成分。其次，核心通货膨胀度量的是构成 CPI 篮子的各类商品价格指数长期的、持久的共同成分，它反映了通货膨胀长期的、潜在的趋势。第三，核心通货膨胀能够较好地预测未来的通货膨胀，因此已经成为中央银行制定和调整货币政策时主要关注的经济参考指标。基于核心通货膨胀的上述特征，本书将核心通货膨胀定义为剔除 CPI 篮子中各类商品价格指数的短期或暂时成分后，CPI 篮子中各类商品价格指数的长期共同成分，反映了通货膨胀长期的、潜在的趋势，是货币政策决策者制定和调整货币政策关注的重心。

（2）本书根据度量核心通货膨胀过程中所采用的数据信息将度量方法分为三类，并采用不同方法度量了我国 2001 年 1 月至 2011 年 4 月的核心 CPI。由于通货膨胀的形成原因具有多样性和复杂性，因此，核心通货膨胀与非核心通货膨胀之间的界限并不十分清晰，这使精确地度量核心通货膨胀较为困难，在实际度量过程中经常会出现模糊性的因素。

（3）本书采用基于贝叶斯 Gibbs Sampler 的状态空间模型度量我国的核心 CPI。结果显示，估计的核心 CPI 很好地反映了我国 2001 年 1 月至 2011 年 4 月的 CPI 的长期趋势变化，其标准差小于 CPI 的标准差，说明该核心 CPI 具有较小的波动性，因此具有比 CPI 更好的政策参考价值。经检验，度量的核心 CPI 与货币供给增长率的相关系数较大，说明核心 CPI 的走势与货币政策的关系更加密切。并进一步建立模型验证了估计的核心 CPI 的合理性——核心 CPI 不受暂时冲击的影响。

（4）采用动态因子指数模型度量了我国的核心 CPI。结果显示，我们估计的核心 CPI 很好地反映了 CPI 的长期趋势，能够很好地反映货币供给的变化，对 CPI 亦有较好的预测能力，并检验了该核心 CPI 的合理性——不受暂时冲击的影响。通过对模型系数的估计，我们得到各类商品价格指数对核心 CPI 的贡献程度，结果表明，对核心 CPI 贡献较小的是居民食品消费价格指数、娱乐教育文化价格指数与居民居住价格指数，而对核心 CPI 贡献较大的是居民衣着价格指数、交通与通信价格指数。

（5）本书从核心通货膨胀的度量方法的期望预期、核心通货膨胀的波动性、与参考序列的偏差（核心通货膨胀的 RMSE 值）、平稳性、与通货膨胀序列的相关性、协整关系、因果关系及核心通货膨胀的预测能力方面比较不同方法度量的我国各种核心 CPI 的相对优劣。结果表明，任何一种核心通货膨胀的度量方法都不能够满足所有的期望性质。在样本期间内，无论是相对波动程度还是绝对波动程度，核心 CPI 均小于 CPI，CPI 为非平稳的 $I(1)$ 序列，而核心 CPI 也为非平稳的 $I(1)$ 序列且与 CPI 具有较强的相关性。核心 CPI 的无偏性检验表明，TM_ Core、WM_ Core、ES_ Core、Com_ Core、BGS_ Core 及 DFI_ Core 均是核心 CPI 的无偏估计，其余的核心 CPI 序列为有偏估计。大多数核心 CPI 与 CPI 之间存在明显的协整关系以及单项的 Granger 因果关系（核心 CPI 是 CPI 的 Granger 原因）。在追踪 CPI 趋势方面，各种核心 CPI 表现的效果也不相同。各种核心 CPI 与产出缺口之间在不同的滞后期均存在一定的因果关系。而在预测 CPI 的能力方面，非对称修剪法、BGS 状态空间法及 DFI 模型法表现得比较突出。究竟选择何种方法度量核心 CPI 以及选择哪种核心 CPI 作为决策参考依据，取决于使用者的目的和需要。如果决策者赋予各种特征同等的权重，度量核心 CPI 的最优方法是非对称修剪均值法、BGS 状态空间模型法及 DFI 模型法。但如果从易于公众理解的角度来讲，剔除法和非对称修剪均值法比较适合作为官方的构建核心 CPI 参考的方法。

（6）本书从理论上阐述了关注核心通货膨胀的原因，关注核心通货膨胀不仅有利于维持货币政策的可信度和可靠性，而且有助于货币政策决策部门准确地把握未来通货膨胀的走势，并做出科学、有效的货币政策。在此基础上，进一步分析了过度关注核心通货膨胀的风险，食品和能源的价格变动可能包含反映未来通货膨胀变动的有用信息，简单地将其从标题通货膨胀中剔除，将不利于有效地控制通货膨胀和预测未来通货膨胀。结合我国的实际国情，分析了我国核心 CPI 与货币政策之间的关系，本书认为，我国在对短期的价格水平变动进行货币政策调整时，应该主要关注标题通货膨胀即 CPI，同时关注核心 CPI。货币政策对核心通货膨胀同样存在较大的滞后效应，在制定中长期货币政策时应重点关注具有前瞻性的核心 CPI。

根据本书的研究结论，我们认为本书的研究结果对于准确地认识我国通货膨胀的长期、潜在的趋势，了解核心通货膨胀的度量方法及科学地制定货币政策具有重要的理论和现实意义。

二 研究创新

在国内外学术界对核心通货膨胀已有的研究文献的基础上，本书主要在以下方面有所创新：

（1）本书比较全面、系统地采用目前存在的主要度量方法对我国的核心 CPI 进行度量，在采用剔除法、修剪均值法及加权中位数法度量核心 CPI 时，将 CPI 中的八大类商品和服务进一步划分为 32 种，使得计算得到的核心 CPI 更加准确。

（2）本书首次采用马尔科夫链蒙特卡洛方法（简称 MCMC）度

量我国的核心通货膨胀，在估计过程中，不是采用传统的基于卡尔曼滤波的最大似然估计，而是运用贝叶斯方法进行估计，并且将 Gibbs Sampler 运用于贝叶斯方法中，克服了贝叶斯方法计算方面的困难，提高了算法的速度和准确性。

（3）大多数研究者在度量核心通货膨胀的过程中，没有将货币因素对核心通货膨胀的影响加入到估计过程，因此度量的核心通货膨胀缺少经济意义。本书在状态空间模型中将货币供给与核心通货膨胀联系在一起，将核心通货膨胀看作是由货币供给引起的通货膨胀中的那个硬核。

（4）本书在阐述现有研究文献关于核心通货膨胀含义与特征的基础上，根据我国 CPI 篮子由八大类成分组成的统计口径，运用动态因子指数模型对我国的核心 CPI 进行估计，度量的核心 CPI 为八大类商品和服务价格指数的共同变化成分，比传统的统计方法特别是单纯地剔除食品和能源的度量方法更符合核心通货膨胀的含义，方法也更为科学。

（5）对本书所采用的各种方法度量的核心 CPI，分别从核心通货膨胀期望预期、追踪通货膨胀趋势值、平稳性、与 CPI 的相关性、波动性、协整关系及因果关系方面进行检验，从不同角度得出适合度量中国核心通货膨胀的方法。

（6）在研究核心通货膨胀对未来标题通货膨胀的预测能力时，在采用广泛使用的预测模型之后，发现该模型并不适合检验我国核心 CPI 预测 CPI 的能力，据此，提出了一个新的、更适合于检验我国核心通货膨胀对标题通货膨胀预测能力的模型，该模型具有合理的理论含义。

第二节　研究不足与展望

尽管本书对核心通货膨胀的度量问题进行了比较全面的研究，但由于主观和客观条件的限制，在研究过程中，对部分问题没有进行更为深入细致的研究，纵观全文，至少存在以下不足有待今后进一步深入研究和完善。

（1）无论是学术界还是统计机构，科学准确地度量核心通货膨胀都是比较困难的，采用现有的度量方法度量我国的核心通货膨胀均存在一定的不足。本书提出基于贝叶斯 Gibbs Sampler 状态空间模型的方法度量我国的核心通货膨胀，尽管这比传统的剔除法等度量方法更加科学，但也不能够同时满足时效性、前瞻性、理论基础性、稳健性及易于公众理解性等期望性质。因此，如何科学地构建我国的核心通货膨胀指标，如何准确有效地度量我国的核心通货膨胀，还有待统计机构和学术界进一步深入探讨和研究。

（2）本书使用核心通货膨胀预测标题通货膨胀时，所采用的模型不够全面，例如可以在模型中加入更多影响标题通货膨胀的宏观经济变量，使得预测更加准确。

（3）研究我国核心通货膨胀与货币政策关系时，虽然进行了全面的理论阐述和分析，但货币政策如何及时、科学并有效地对核心通货膨胀的变动做出反应和调整需要在本书定性分析的基础上进一步进行实证分析。

参 考 文 献

[1] 范跃进、冯维江：《核心通货膨胀测量及宏观调控的有效性：对中国 1995～2004 的实证分析》，《管理世界》2005 年第 5 期。

[2] 范志勇、张鹏龙：《基于预测视角的中国核心通货膨胀测算：以惯性为权重》，中国宏观经济分析与预测报告（2010—2011）。

[3] 符想花：《居民消费价格指数编制方法的缺陷与改进》，《经营与管理》2007 年第 1 期。

[4] 高铁梅：《计量经济分析方法与建模——Eviews 应用及实例》，清华大学出版社，2009。

[5] 郭松民：《以民生经济解决民生问题》，《东北之窗》2007 年第 11 期。

[6] 黄燕：《核心通货膨胀的界定与衡量》，《上海金融》2004 年第 10 期。

[7] 黄燕、胡海鸥：《核心通货膨胀衡量方法的比较研究》，《统计与决策》2006 年第 6 期。

[8] 简泽：《中国核心通货膨胀的估计》，《数量经济技术经济研究》2005 年第 11 期。

[9] 孔燕：《通货膨胀目标制在中国的适用性研究》，经济科学出版

社，2008。

[10] 李雪松：《高级经济计量学》，中国社会科学出版社，2000。

[11] 龙革生、黄山、湛泳：《基于共同趋势的卧轨核心通货膨胀估计》，《统计与决策》2008 年第 11 期。

[12] 龙革生、曾令华、黄山：《我国核心通货膨胀的实证比较研究》，《统计研究》2008 年第 3 期。

[13] 茆诗松：《贝叶斯统计学》，中国统计出版社，1999。

[14] 谭本艳：《我国核心通货膨胀问题研究》，华中科技大学 2009 年博士学位论文。

[15] 谭小芬：《通货膨胀目标制、货币政策与汇率》，中国财政经济出版社，2008。

[16] 王少平、谭本艳：《中国的核心通货膨胀及其动态调整行为》，《世界经济》2009 年第 8 期。

[17] 奚君羊、刘卫江：《通货膨胀目标制的理论思考——论我国货币政策中介目标的重新界定》，《财经研究》2002 年第 4 期。

[18] 徐奕：《核心通货膨胀理论与实践探讨》，上海交通大学 2006 年硕士学位论文。

[19] 张成思：《中国通胀惯性特征与货币政策启示》，《经济研究》2008 年第 2 期。

[20] 张尧庭：《贝叶斯统计推断》，北京科学出版社，1991。

[21] 赵留彦：《中国核心通胀率与产出缺口经验分析》，《经济学》（季刊）2006 年第 3 期。

[22] 赵昕东：《基于 SVAR 模型的中国核心通货膨胀的估计与应用》，《统计研究》2008 年第 7 期。

[23] 赵昕东、耿鹏：《基于 Bayesian Gibbs Sampler 的状态空间模型估计方法研究及其在中国潜在产出估计上的应用》，《统计研

究》2009 年第 9 期。

[24] 赵昕东、钱国骐:《基于吉伯斯样本生成器的向量自回归模型选择》,《统计研究》2008 年第 1 期。

[25] 中国人民银行货币政策分析小组:《中国货币政策执行报告——2007 年第二季度》,2007 年 11 月 8 日。

[26] 中国人民银行武汉分行,国家统计局湖北调查总队联合课题组:《关于建立中国核心 CPI 问题的研究》,《金融研究》2006 年第 2 期。

[27] Aidan, Meyler. "A Statistical Measure of Core Inflation," *MPRA Paper*, 1999, No. 11362.

[28] Alvarez, L. J., Matea M. L. *Underlying Inflation Measures in Spain*, Working Paper, 1999.

[29] Amstad, M., and A. Fisher. "Sequential Information Flow and Real-Time Diagnosis of Swiss Inflation: Intra-Monthly DCF Estimates for a Low-Inflation Environment". CEPR Discussion Paper, 2004, No. 4627.

[30] Amstad, M., and S. Potter. "Real Time Underlying Inflation Gauges for Monetary Policy Makers". Memo, Federal Reserve Bank of New York, 2007.

[31] Anderson, Richard G, Fredrik N. G. Andersson, et al. "Core Inflation as Idiosyncratic Persistence: A Wavelet Apporach to Measuring Core Inflation". Paper Presented at "Price Measurement for Monetary Policy" Conference, Dallas. May, pp 24 – 25.

[32] Ang, Andrew, Geert Bekaert and Min Wei. "Do Macro Variables, Asset Markets, or Surveys Forecast Inflation Better?" *Journal of Monetary Economics*, 2007 (54), 1163 – 1232.

[33] Armas, A, L Vallegjos and M Vega. "Measurement of Price Indices Used by the Central Bank of Peru," Bank for International Settlement No. 49: Monetary policy and the Mesasurement of Inflation: Prices, Wages and Expectation, 2009.

[34] Aucremanne, L., Raf Wouters. "A Structural VAR Apporach to Core Inflation and Its Relevance for Monetary Policy". Working Paper, Research Department of the National Bank of Belgium, 1999.

[35] Bagliano F. C., Morana C. "A Common Trends Model of UK Core Inflation". Empirical Economics, 2003a (28): 157 – 172.

[36] Bagliano F. C., Morana C. "Measuring US Core Inflation: A Common Trends Apprpach" . *Journal of Macroeconomics*, 2003b (25): 197 – 212.

[37] Bakhshi, H. and T. Yates. "To Trim or Not to Trim, An Application of a Trimmed Mean Inflation Estimatior to the United Kingdom" . Bank of England, Working Paper Series, No. 97. London.

[38] Ball, L. and Sheridan, N. "Does Inflation Targeting Matter?" NBER Working Paper, 2003, No. 9577.

[39] Baqaee, David. "Using Wavelet to Measure Core Inflation: The Case of New Zealand" . *North American Journal of Economics and Frnance* , 2010 (21): 241 – 255.

[40] Baxter M., King R. G. "Measuring Business-cycles: Approximate Band Pass Filters for Economic Time Series" . NBER Working Paper, 1995, No. 5022.

[41] Bihan, Herve le and Franck Sedillot. "Do Core Inflation Measures Help Forecast inflation? Out-of-Sample Evidence from French data" . *Economics Letter*, 2000 (69): 261 – 266.

[42] Bihan, Herve le and Franck Sedillot. "Implementing and Interpreting Indicatiors of Core Inflation the Case of France". *Empirical Economics*, 2002 (27): 473 - 497.

[43] Bilke, Laurent and Stracca. "Livio, a Persistentence-Weighted Measure of Core Inflation in the Euro Area". *Economic Modelling*, 2007 (24): 1032 - 1047.

[44] Blinder, A. S. "Commentary on Measuring Short - Run Inflation for Central Bankers ". *Review*, Federal Reserve Bank of St. Louis, 1997.

[45] Brischetto, A. and Richards, A. "The Performance of Trimmed Mean Measures of Underlying Inflation". Economic Analysis Department Reserve Bank of Australia. Research Discussion Paper, 2006 (10).

[46] Bryan, M. , Cecchetti, S. and Wiggins, II, R. "Efficient Inflation Estimation". NBER Working Paper 1997.

[47] Bryan, M. F. , Cecchetti S. G. "The Monthly Measurement of Core Inflation in Japan," *Monetary and Economic Studies*, 1999 (5), 77 - 102.

[48] Bryan, M. F. , Christopher J. Pike. "Median Price Changes: An Alternative Apporach to Measureing Current Monetary Inflation". *Federal Reserve Bank of Cleveland Economic Commentary*, 1991 (12).

[49] Bryan, M. F. and Cecchetti S. G. "Measuring Core Inflation, in N. Gregory Mankiw, ed. , Studies in Business Cycles". vol. 29: Monetary Policy. (Chicago: University of Chicago Press, 1994), 195 - 215.

[50] Bryan M. F. , Cecchetti S. G. "The Consumer Price Index as a Measure of Inflation" . NBER Working Paper, No. 4505, 1993.

[51] Burmeister, E. , Wall, K. D. and Hamilton, J. D. "Estiamtion of Unobserved Rational Expected Monthly inflation Using Kalman Filtering" . *Journal of Business and Economic Statistics*, 1986 (4): 147 – 610.

[52] Burns, A. F. and Mitchell, W. C. "Measuring Business Cycle". New York: NBER, 1946.

[53] Carlin, B. P. , Nicholas, G. P. and David, S. S. "A Monte Carlo Approach to Nonnormal and Nonlinear State-Space Modelling" . *Journal of the American Statistical Association*, *Theory and Methods*, 1992 (87): 493 – 500.

[54] Carter, C. K. and Kohn, P. "On Gibbs Sampling for State Space Models" . *Biometrica*, 1994 (81): 541 – 553.

[55] Cecchetti, S. G. "Policy Rules and Targets: Framing the Central Banker's Problem" . *Economic Policy Review*, Federal Reserve Bank of New York, 1998 (4): 1 – 14.

[56] Cecchetti, S. "Measuring Short-run Inflation for Central Bankers" . *Federal Reserve Bank of St. Louis Review* , 1997: 143 – 155.

[57] Clark, T. E. "Comparing Measures of Core Inflation" . *Economic Review*, Federal Reserve Bank of Kansas City, 2001, 86 (2): 5 – 31.

[58] Cogley T. "A Simple Adaptive Measure of Core Inflation" . *Journal of Money, Credit and Banking*, 2002, (1): 94 – 113.

[59] Cristadoro, R. , et al. "A Core Inflation Indicator For the Euro Area" . J*ournal of Money, Credit and Banking*, 2005, 37

(3): 539 – 560.

[60] Culter, Joanne. "Core Inflation in the U. K. ". Bank of England, External MPC Unit Discussion Paper No. 3, 2001 (3).

[61] Dhawan, Rajeev and Karsten Jeske. "Taylor Rules with Headline Inflation a bad idea". Federal Reserve Bank of Atlanta Working Paper Series, 2007 (14).

[62] Dias, D. and Maarques, C. R. "Using Mean Reversion as a Measure of Persistence". Working Paper Series, European Central Bank 2005, No. 450.

[63] Diewert, W. "Index Number Issues in the Consumer Price Index". *The Journal of Economic Perspectives*, 1998 (12): 47 – 58.

[64] Dixon, Robert and G. C. Lim. "Underlying Inflation in Australia: Are the Existing Measures Satisfactory". *Economic Record* , 2004 (80): 373 – 386.

[65] Dolmas, Jim. "Trimmed Mean PCE Inflation". Federal Reserve Bank of Dallas Working Paper, 2005, No. 0506.

[66] Do Pooter, M. D. , Segers, R. and van Dijk, H. K. On the Practice of Bayesian Inference in Basic Economic Time Series Models using Gibbs Sample, Tinbergen Institute Discussion Paper, TI2006 – 076/4, Econometric Instotute, Erasmus Universiteit Rotterdam, and Tinbergen Institute, 2006 (4).

[67] Dow, J. "Measuring Inflation Using Multiple Price Indexes". Mimeo Dept of Economics, University of California-Riverside, 1993.

[68] Down, Kevin, John Cotter and Lixia Loh. "U. S. Core Inflation: A Wavelet Analysis", *Macroeconomic Dynamics*, 2010.

[69] Eckstein, O. *Core Inflation.* Prentice Hall, Englewood Cliffs,

N. J. , 1981.

[70] Enders, W. *Applied Economic Time Series.* John Wiley & Sons, New York, 1995.

[71] Engle, R. F. and Granger, C. W. J. "Co-Integration and Error Correction: Representation, Estimation and Testing". *Econometrica*, 1987 (55): 251 – 276.

[72] Faust, J. and Leeper, Eric M. "When Do Long-Run Identifying Restrictions Give Reliable Results?" *Journal of Business & Economic Statistics*, American Statistical Association, 1997, Vol. 15 (3), 345 – 353.

[73] Fisher, Stanley and Franco Modigliani. "Towards an Understanding of the Real Effects and Costs of Inlation," Welwirtschaftliches Archiv 114 (1978): 810 – 832.

[74] Francisco, M. R. F. "Evaluating Core Inflation Measures for Brazil". Working Paper Series 14, Banco Central do Brasil, 2001 (3) .

[75] Freeman, D. G. "Do Core Inflation Measurement Help Inflation?" *Economics Letters*, Vol. 58, 143 – 147.

[76] Friedman, M. *Inflation: Causes and Consequences.* Asia Publishing House, 1963.

[77] Fuhrer, Jeffrey. "The Persistence of Inflation and the Cost of Disinflation". *New England Economic Review*, 1995 (1): 3 – 16.

[78] Gadzinski, G. and Orlandi, F. "Inflation Persistence in the European Union, the Euro Area, and the United States". European central Bank Working Paper, 2004.

[79] Garnier, J. and Wilhelmsen, B. "The Natural Real Interest Rate and the Output Gap in the Euro Area: A Joint Estimation". European Cen-

tral Bank Working Paper Deries, 2005, No. 546.

[80] Gelfand, A. E. , Smith, A. F. M. "Sampling Based on Apporaches to Calculating Marginal Densities". *Journal of American Statistical Association*, 1990 (85): 339 – 355.

[81] Gelman, A. "Inference and Monitoring Convergence" . in Gilks, W. R. , Richardson, S. and Spiegelhalter, D. J. (Eds.), *Markov Chain Monte Carlo in Practice* (Chapman & HALL, 1996), 131 – 144.

[82] Geman, S. , Geman, D. "Stochastic Relaxation, Gibbs distribution and the Bayesian Restoration of Image," *IEEE Tansactions on Pattern Analysis and Machine Intelligence*, 1984 (6): 721 – 741.

[83] Geyer, C. J. "Practical Markov Chain Monte Carlo" . Statist. Science, 1992 (7): 473 – 511.

[84] Gilks, W. R. , Richardson, S. and Spiegelhalter, D. J. "Introducing Markov Chain Monte Carlo" . *Markov Chain Monte Carlo in Practice*, Chapman & HALL, 1996: 1 – 17.

[85] Gonzalo, J. and Granger, C. W. J. "Estimation of Common Long-memory Components in Co – intergrated Systems" . *Journal of Business and Economics Statistics*, 1995 (13): 27 – 35.

[86] Greenless, John and Bert Balk. Errors and Bias, (Chapter 11, in ILO and others (2004) op cit), 207 – 214.

[87] Greenspan, A. "Statement before the Subcommittee on Economic Growth and Credit Formulation of the Committee on Banking" . *Finance and Urban Affairs*, U. S. House of Representative, 1994, Feb 22.

[88] Guinigundo, D C. "Measuement of Inflation and Philippine Monetary

Policy Framework". *Bank for International Settlement No.* 49: *Monetary Policy and the Mesasurement of Inflation: Prices, Wages and Expectation*, 2009.

[89] Harvey, A. C. "Forecasting, Structural Time Series Models and the Kalman Filter". Cambridge: Cambridge University Press, 1989.

[90] Harvey, A. C. "Modeling the Phillips Curve with Unobserved Components". Faculty of Economics, Cambridge University Working Paper, 2008.

[91] Harvey, A. C. Time Series Models, Oxford: Philip Allan and Humanities Press, 1981.

[92] Hastings, W. K. "Monte Carlo Sampling Methods Using Markov Chains and their Applications". *Biometrika*, 1970, 57 (1): 72 – 89.

[93] Heath, Alexandra, Roberts, Ivan and Tim Bulman. "Inflation in Australia: Measurement and Mondeling. in The Future of Inflation Targeting". *Reserve Bank of Australia*, 2004 (8): 167 – 207.

[94] Hill, R. and Timmer, M. "Standard Errors as Weighted in Multilateral Price Indices". *Journal of Business & Economic Statistics, American Statistical Association*, 2006 (7), 366 – 377.

[95] Hogan Seamus, Marianne Johnson and Therese Lafleche. "Core Inflation". *Bank of Canada, Technical Report No.* 89, 2001 (1).

[96] Karlsson. Stenfan M, I. The Fallacy of the "Core" Rate of Inflation, 2005. http://www.lewrockwell.com/orig6/ karlsson1.html.

[97] Kearns, J. "The Distribution and Measurement of Inflation". Research Discussion Paper No. 9810 (Sydney, Reserve Bank of Australia).

[98] Kim, C. and Nelson, C. R. State Space Models with Regime Switching Classical and Gibbs Sampling Approaches with Applications, Chapter 8, The MIT Press, 1999.

[99] King R. J., Plosser C., Stock J., Watson M., "Stochastic Trends and Economic Fluctuations". *American Economic Review*, 1991 (81): 819 – 840.

[100] Lafleche, T. "Statistical Measures of The Trend Rate of Inflation". *Bank of Canada Review*, 1997: 29 – 47.

[101] Laidler. D. "Review of Making Money: An Insider's Perspective on Finance, Politics, and Canada's Central Bank by John Corw". *Canadian Journal of Economics*, *Canadian Economics Association*, 2003 (36): 758 – 764.

[102] Leung, F, K Chow and S Chan. "Measures of Trend Inflation in Hong Kong". *Bank for International Settlement No. 49: Monetary Policy and the Mesasurement of Inflation: Prices, Wages and Expectation*, 2009.

[103] Macklem, Tiff. "A New Measure of Core Inflation". *Bank of Canada Review*, 2001 (1): 3 – 12.

[104] Mankikar, Alan and Jo Paisley. "Core Inflation: A Critical Guide". *Bank of England Working Paper*, 2004 (242).

[105] Markiw, N., Reis, R. "What Measure of Inflation Should a Central Bank Target?" *Journal of the European Economic Association*, 2003 (5): 1058 – 1086.

[106] Marques, C. R, Neves, P. D. and Sarmento, L. M. "Evaluating Core Inflation Measures". *Bank of Portugal, Working Paper No. 300 (2000)*.

[107] Mellander, E. , Vredin A. , Warne A. "Stochastic Trends and E-conomic Fluctuations in a Small Open Economy". *Journal of Applied Econometrics*, 1992 (7): 369 – 394.

[108] Mishkin, F. S. "Headline versus Core Inflation in the Condut of Monetary Policy". Speech Delivered at the Business Cycle, International Transmission and Macroeconomic Policies Conference, HEC Montreal, Canada, October 20, 2007, http://www. federalreserve, Gov/newsevents/speech/mishkin 20011020a. htm.

[109] Nelson, C. R. and Plosser, C. I. "Trends and Random Walks in Macroeconomic Time Series". *Journal of Monetary Economics* , 1982: 129 – 162.

[110] Okun, A. "Inflation: the Problems and Prospects before Us. in A Okun, H Fowler and M Gilbert, eds. , Inflation: the Problems it Creates and the Policies it Requires". *New York University Press*, 1970, 251 – 264.

[111] Parrado, E. and Velasco. "Alternative Monetary Rules in the Open Economy: a Welfare – based Approach". *Document de Trabajo del Banco Central de Chile, Central Bank of Chile Working Papers*, 2001 (11), *No.* 129.

[112] Qian, G. and Field, C. "Using MCMC for Logistic Regression Model Selection Involving Large Number of Candidate Models". in Fang, K. T. , Hichernell, F. J. and Niederreiter, H. (Eds.), *Selected Proceedings of the 4th International Conference on Monte Carlo & Quasi Monte Carlo Methods in Scientific Computing*, (*Springer, Hong Kong*, 2002), 460 – 474.

[113] Qian, G. and Zhao, X. "On Time Series Model Selection involving

Many Candidate ARMA Models," *Computational Statistics& Data Analysis* , 2007 (51): 6180 –6196.

[114] Quah D. , Vahey S. P. "Measure Core Inflation" . *The Economic Journal*, 1995, 1139 –1144.

[115] Rich, R and C Steindel. "A Comparison of Measures of Core Inflation" . *Federal Reserve Bank of New York Economic Policy Review* , 2007 (12) .

[116] Rich Robert and Steindel Charles. "A Comparison of Measures of Core Inflation" . *Economic Policy Review* , Federal Reserve Bank of New York, 2007 (12), 19 –38.

[117] Roger, Scott. "A Robust Measure of Core Inflation in New Zealand: 1949 – 1996 " . Reserve Bank of New Zealand, Discussion Paper Series No. G97/7 , March, 1997.

[118] Roger Scott. Core Inflation: Concepts, Uses and Measurement. Reserve Bank of New Zealand, Discussion Paper, No. G98/ 9, 1998.

[119] Romer D. *Advanced Macroeconomics*. The McGraw – Hill Company, Inc. , 1996.

[120] Rowlatt, Amanda. The U. K. Office for National Statistics and the Inflation Target. *Economic Trends* , 2001, No. 577, December, reprinted in Carson and others (2002) op. cit. 125 –136.

[121] Sadia Tahir. "Core Inflation Measures for Pakistan" . *SBP Research Bulletin*, 2006 (2): 319 –342.

[122] Shiratsuka, Shigenori. "Inflation Measures for Monetary Policy: Measuring the Underlying Inflation Trend and its Implication for Monetray Policy Implementation" . *Bank of Japan* , *Monetary and*

Economic Studies, 1997 (12).

[123] Silver, Mick and Christos Ioannidis. "Inflation, Relative Prices and their Skewness". *Applied Economics*, 1996 (28): 577 – 584.

[124] Smith, J. "Better Measures of Core Inflation?" Working Paper, 2007.

[125] Smith, J. "Weighted Median Inflation: Is This Core Inflation". *Journal of Money, Credit and Banking*, 2007, 36 (2): 253 – 263.

[126] Song, Lei Lei. "Do Underlying Measures of Inflation Outperform Headline Rates? Evidence from Australian Data". *Applied Economics*, 2005 (37): 339 – 345.

[127] Stavrev, Emil. "Measures of Underlying Inflation In the Euro Area: Assessment and Role for Informing Monetray Policy". *Empirical Economics*, 2010 (38): 217 – 239.

[128] Stock, J. and Watson, M. "A Probability Model of the Coincident Economic Indicators, in K. Lahiri and G Moore (eds.)". *Leading Economic Indicators: New Apporaches and Forecasting Records*, Cambridge: Cambridge University Press, 1991: 63 – 89.

[129] Stock J. H., Watson M. W. "Testing for Common Trends". *Journal of the American Statistical Association*, 1988 (83): 1097 – 1107.

[130] Stock. J. H. and Watson. M. "Has Inflation Become Harder to Forecast?" *Journal of Money, Credit, and Banking, Supplement to*, 2007 (39): 3 – 33.

[131] Tierney, Heather L. R. "Examining the Ability of Core Inflation to

Capture the Over Trend of Total Inflation". *Applied Economics* , 2011 (1): 1 - 22.

[132] Vega, Juan - Luis and Wynne, Mark. "A First Assessment of Some Measures of Core Inflation for the Euro Area" . *German Economic Review*, 2003 (3): Vol. 4, 269 - 306.

[133] Volcker, P. "Can We Survive Prosperity?" Speech at the Joint Meeting of the American Economic - American Finance Association, San Franciso, CA, 1983, Dec 28.

[134] Warne, A. A Common Trends Model: Identification, Estimation and Inference, Seminar Paper No. 555, IIES, Stockholm University, 1993.

[135] Wiesiolek, P and A Kosior. "To What Extent Can We Trust Core Inflation Measures? The Experience of CEE Countries" . *Bank for International Settlement No. 49*: *Monetary Policy and the Mesasurement of Inflation*: *Prices, Wages and Expectation*, 2009.

[136] Wozniak, P. "Various Measures of Underlying Inflation In Poland 1995 - 1998" . Case - Center for Social and Economic Research, 1999 (25) .

[137] Wynne, M. A. and Sigalla. F. "A Survey of Measurement Biases in Price Indexes" . Federal Reserve Bank of Dallas, Research Paper, 1993 (10) .

[138] Wynne, M. A. "Core Inflation: A Review of Some Conceptual Issues" . Federal Reserve Bank of Dollas Working Paper No 9903, 1999 (6) .

[139] Wynne, M. A. "Core inflation: A Review of Some Conceptual Issues". Working Paper, No. 5, European Central Bank, 1999 (7) .

［140］ Wynne, M. *Commentary*: *Federal Reserve Bank of St. Louis Review*, 1997 (5/6): 161 – 167.

［141］ Zhang, X. , King M. L. and Hyndman, R. J. "Bandwidth Selection for Multivariate Kernel Density Estimation Using MCMC". Working Paper 09/04, Department of Econometrics and Business Statistics, 2004.

图书在版编目（CIP）数据

中国核心通货膨胀度量研究 / 汤丹著 . —北京：社会
科学文献出版社，2013.5
（华侨大学·数量经济学丛书）
ISBN 978 - 7 - 5097 - 4353 - 9

Ⅰ . ①中… Ⅱ . ①汤… Ⅲ . ①通货膨胀 - 研究 -
中国 Ⅳ . ①F822.5

中国版本图书馆 CIP 数据核字（2013）第 041064 号

华侨大学·数量经济学丛书
中国核心通货膨胀度量研究

著　　者 / 汤　丹

出 版 人 / 谢寿光
出 版 者 / 社会科学文献出版社
地　　址 / 北京市西城区北三环中路甲 29 号院 3 号楼华龙大厦
邮政编码 / 100029

责任部门 / 经济与管理出版中心（010）59367226　　责任编辑 / 高　雁　颜林柯
电子信箱 / caijingbu@ ssap. cn　　　　　　　　　　责任校对 / 王　平
项目统筹 / 高　雁　　　　　　　　　　　　　　　　责任印制 / 岳　阳
经　　销 / 社会科学文献出版社市场营销中心（010）59367081　59367089
读者服务 / 读者服务中心（010）59367028

印　　装 / 北京鹏润伟业印刷有限公司
开　　本 / 787mm × 1092mm　1/16　　　　　　　　印　张 / 11.75
版　　次 / 2013 年 5 月第 1 版　　　　　　　　　　字　数 / 151 千字
印　　次 / 2013 年 5 月第 1 次印刷
书　　号 / ISBN 978 - 7 - 5097 - 4353 - 9
定　　价 / 39.00 元

本书如有破损、缺页、装订错误，请与本社读者服务中心联系更换
▲ 版权所有　翻印必究